我们在这里成长

杨 松 晏长春 / 主编

中国出版集团　现代出版社

图书在版编目(CIP)数据

我们在这里成长 / 杨松，晏长春主编. —北京：
现代出版社，2021.8

ISBN 978-7-5143-9387-3

Ⅰ.①我… Ⅱ.①杨… ②晏… Ⅲ.①小学数学课—
教学研究 Ⅳ.①G623.502

中国版本图书馆CIP数据核字（2021）第163425号

我们在这里成长

作　　者　杨　松　晏长春
责任编辑　张桂玲
出版发行　现代出版社
地　　址　北京市安定门外安华里504号
邮政编码　100011
电　　话　010-64267325　64245264
网　　址　www.1980xd.com
电子邮箱　xiandai@cnpitc.com.cn
印　　制　北京政采印刷服务有限公司
开　　本　710mm×1000mm　　1/16
印　　张　10.5
字　　数　168千
版　　次　2022年4月第1版　　2022年4月第1次印刷
书　　号　ISBN 978-7-5143-9387-3
定　　价　45.00元

目录

上 篇　成长感悟

下 篇　教学案例

成长感悟

人生为一事来

——写给工作室所有的弟子们

深圳市盐田区教育科学研究院　杨　松

　　古人云："人生得遇一知己，此乃幸事也。"很庆幸，我的教育人生是幸福的，因为名教师工作室这个平台，让我在最好的年华遇到了志趣相投的你们，一群怀揣教育理想的人。

　　记得还是2015年年末，承载着上级的任务也好，追逐着心中的梦想也罢，深圳市杨松名教师工作室正式成立了。不知道你们是否还记得当时遴选成员、学员时我问的那个问题："如果工作室成员名额有限，你只能作为学员加入工作室，你还愿意吗？"老实说，这是我当时有意设下的"陷阱"，因为我始终觉得一名优秀的教师一定是先"德"后"能"的，一名教师想要成长，他只有具备放下身段的勇气，常怀进取的心境，方能在教学上有所建树。很庆幸，你们都是这样的人，所以最终我们走在了一起。

　　教学一道，易学难精。师者，要修自己的教学之道，必得有高人指点，那就是自己的师傅。因缘际遇下，我成为拥有这个称谓的那个人。你们来自不同的学校，但一声"师傅"便将我们彼此联系在了一起。缘，当真是个奇妙的东西。

　　回想我们一路走来的岁月，谈不上栉风沐雨，却也算风雨同舟；不好说硕果累累，但彼此的成长有目共睹。三载岁月，我们亦师亦友，回首过往，对于你们之中的每一个，作为师傅，我应该没少给你们责骂与苛责，甚至是"设计"好的冷落、抬举、宠爱或放任，但无论何时，从未放弃！因为这一切都只是我作为师者的"化养"，化你们心中对于教育的戾气，养你们骨子里对于教育的情怀。作为好友，我倒是觉得遗憾还没能真正和你们走到一起，当然，这责任不在于你们，全在于我。

万幸，我们都走过来了。

师徒是一种缘分，这份缘，对于你我，一生只有这一次，下辈子，见与不见，都不会再续。所以，我们都共同珍惜这份相遇、相识、相知吧，哪怕我们彼此的缘分深浅不一、浓淡各异。当然，对于此，我从未介怀，也希望你们都不要介怀。因为于我而言，这是再正常不过的事，十根手指还各有长短呢，你我的深浅浓淡，来得真实与自然，不用追究为何你深他浅、尔浓彼淡，个中缘由，你我都懂。

最后，给大家提三点希望吧。

一是修心。真正的师者，他一定是一个内心纯净的人。心净了，心才会静，才能真正潜心于教育教学，并乐于其中。倘若我们心念太重，想在教育这件事上得到太多，那无疑会在我们从教悟道的路上横添许多羁绊，随之影响我们的理想信念、道德情操以及仁爱之心，而没有了这些，我们剩下的就是满身的世俗之气，离大师之路也就越来越远了。

二是悟道。万物有道，教学亦然。教学一道入门容易，要精通确实很难，作为师傅的我从教二十三载，尚且自谓刚入门，何况你们。所以，希望你们多读书。书，真的是个好东西；读书，真的是件不错的事。书中自有你们追逐的道，读它千遍，其道自现。也多上上公开课吧，一节不够，十节入门，百节自可成道。我就是从一节节彰显我个性风采的公开课中一步步走出来的，我深知公开课对于一位年轻教师成长的重要性，所以鼓起勇气，多到讲台上去磨炼自己吧，那才是一个教育的勇士应该奔赴的战场。

三是立德。真正的师者，应秉天地为怀，立天地之根，光明磊落，时刻充满阳光的味道。他如清泉，润泽万物而不争；如太阳，温暖大地而不诩。他于学生而言，就是天，就是地，每一分爱都给得无私且包容。这是我现在尚未做到并正在努力做的，也是我希望你们将来都能做到的。

教育家陶行知先生曾有云："人生天地间，各自有禀赋。为一大事来，做一大事去。"你我都还达不到陶老的境界，姑且先为一事来吧，就为"做一名好老师"这件事而来。以上三点，我们共勉。

好了，就写到这儿吧。

转眼，已彼此相守三载，就为了你们叫或没叫出口的那声"师傅"，我们约定：再相守三年吧！当然，如果彼此缘分还在，为了你们，我愿再坚守三十年！

2018年12月13日，晚，深圳

感恩遇见，感谢成就

——深圳市杨松名教师工作室成员成长感悟

深圳市盐田区田心小学　晏长春

2015年，有幸成为深圳市杨松名教师工作室一员，5年来，在工作室主持人、全国著名特级教师杨松老师的引领下，我们一同追逐对小学数学教育的梦想。回望学习之路，杨松老师不忘初心、潜心钻研的教育情怀，扎实的学识、深厚的底蕴，以及对工作室学员成长的热心帮助时时刻刻影响着我，激励着我勇于探究、锐意进取，在教育成长的路上成就自己的梦想。

一、认识自我，不断提升教学能力

加入工作室以后，杨松老师首先要求学员们确立自己的成长目标。杨松老师给我们开设了多场讲座，分享他的教育理念和成功经验，引领我们走向"教研之路"；对照反思自己过往的教育教学经历，深感自己对教育教学的钻研还很肤浅，同时也让我明确了成长的方向以及途径。

学习期间，工作室开展的"与名家大师共探教学"系列教研活动，邀请全国知名特级教师华应龙、牛献礼、刘延革、刘松、贲友林等上示范课、开讲座。每一场名家、大家的讲座、课例都带给我不同的启发，拓展了我研究教学的视野。他们的研究精神和思考问题的方式，影响着我的教学观念的转变及研究问题的方法和方向，让我对教师的职业意识、角色观念、职业生涯规划有了全新的认识。

杨松老师还带领我们研读课标、教材，准确把握"教什么"，思考"怎么教";以"师徒同上一节课"的形式开展了系列教研活动,研课磨课,提升我们的专业素养和教学艺术;带领我们"走出去",到北京、河南、西安、广西等全国各地,或支教,或交流;杨松老师创建的"杨松工作室交流群(全国群)"为我们搭建了又一个高端的学习、交流平台;杨松老师每周精心设计一个富有研究价值的数学话题让全国各地的数学教师参与讨论,有特级教师的精彩发言,也有一线教师的思考和困惑。

我积极参加工作室的每一场活动,积极反思,补自己的短板,不断提升自己。渐渐地,我的课堂变得更生动有趣、充满智慧,更注重学生学习兴趣和核心素养的培养。5年来,我参加深圳市课堂教学比赛获得第一名,参加深圳市教师能力大赛获得一等奖(全市5名,其他4位均获得过省、全国课堂教学大赛一等奖),获广东省教研院教学设计比赛一等奖,并获盐田区优秀教学成果奖。

二、名师指导打磨优秀课例,打破成长的瓶颈

在杨松老师的引领和指导下,我积极思考,勇于挑战,和工作室的伙伴一起积极研课磨课,在研课中思索,在思索中不断精进自己的教学能力。在"师徒同上一节课"教研活动中,我和徒弟陈晓娟老师执教的课例均获导师和来宾们的高度评价。2015年10月,我应邀参加广西南宁"名师面对面"全国小学教育教学观摩研讨活动,并现场上课和开讲座;12月,工作室前往北京"牛献礼名教师工作室"交流,上示范课"路程、时间与速度";2016年12月,在深圳市小学数学"同课异构"活动中执教"比赛场次";2018年12月,在深圳市小学数学"名师优课"展示交流活动中,执教"图形的旋转";2019年3月,在广东省教研院小学数学课堂教学学生参与状况调研活动上执教课例;2019年5月,在小学数学全国名师"同上一节课"观摩交流活动中执教"图形的旋转"。每一次的历练与成长,都离不开主持人杨松老师的精心指导,以及工作室伙伴的大力支持与协助。

三、主持科研课题,逐渐形成自己的教学理论

工作室经常开展读书分享活动,引导大家阅读国内外经典教育丛书和全国

著名特级教师的专著，丰富大家对教育内涵的理解。2019年，深圳市杨松名教师工作室在盐田区各学校开展"静悄悄的教研"活动，一场场的现场评课对我们而言，既是一大挑战，也是一种展示，更是一种学习。在一次次的交流、碰撞中，我们对教育理念和教材理解更深刻，快速提升了我们的教学技能。这样的教研活动让我们懂得了如何让"研"更好地服务于"教"，真切体验到了深入教研的幸福与乐趣。

同时，我也积极投身教育科研，潜心研究。5年来，我主持并参与了"十一五""十二五"多个省、市、区级课题研究。参与杨松老师主持的全国"十二五"教科研课题"有效教学理念下的'两主两全'教学模式研究"已结题（前3位主要研究成员，参与编写《教研之路——有效教学理念下的"两主两全"教学模式研究》）。独立主持盐田区重点资助课题已结题，获得区优秀成果奖，主编个人专集《小学数学课堂生生互动的教学策略成果集》。主持开展深圳市2018年度重点课题"小学数学任务驱动教学模式研究"（已立项、开题，正研究中）。

主持或参与的课题研究成果突出，在省级、国家级刊物发表论文10多篇，获广东省小学数学论文评比一等奖，并代表广东省参加全国论文评比，形成了完整的、实效性强、可推广性强的、个性化的课堂教学理论体系。

四、悉心帮助他人，带领团队成长

在个人成长的同时，我还发挥传、帮、带作用，悉心指导青年教师教学。5年来，我带领团队开展读书分享会、上示范课、指导年轻教师上课，将自己的课堂随时开放给青年教师观摩学习，提升了团队教师的教学能力。

在我的指导下，田心小学数学科组教师获全国、省、市课堂教学比赛、说课比赛、能力大赛和教学设计评比一等奖10多人次，获得盐田区小学数学课堂教学比赛和说课比赛一等奖第一名6人次、一等奖8人次。从教还不到1年的刘朝云老师承担了全区课堂教学研讨课，获得局领导的好评。我还有幸成立了盐田区小学数学晏长春名教师工作室，相继开展了8场教研活动，激发了教师钻研教学的热情，提升了教师教学理论水平和实操能力。

很庆幸在教育的人生道路上，能遇到杨松这样的良师引领，能遇到一群志同道合的伙伴，一起领略教研路上美丽的风景。在这里，我见证了自己的成长与收获，亦发现了自己的不足。在今后的教学生活中，我会以高标准严格要求自己，做一名有品位、有底蕴、潜心钻研、乐于助人的研究者和导师。

教研路上遇见更好的自己

——深圳市杨松名教师工作室成员成长感悟

深圳市盐田区外国语小学 张丹婷

一、反思自我，明确方向

从教20多年，有过尝试，有过彷徨；有些许收获，也有过遗憾。2015年有幸加入全国知名特级教师深圳市杨松名教师工作室，成为工作室的一名成员。工作室主持人杨松老师执着的教研精神和高尚的人格魅力深深感染着我们，他对工作室成员、学员毫无保留的指导和包容让我们感动。身为工作室成员，我反思自己过往的教育教学经历，深感自己对教学的钻研深度、高度不够，理论水平还需提升。为此，我更加明晰今后的努力方向，那就是在教研路上多学习、多钻研，在教研路上遇见更好的自己！

自工作室成立以来，主持人杨松老师精心组织了丰富多彩的教研活动，为工作室成员、学员搭建交流平台，创造各种学习机会，帮助工作室的每一位老师快速成长。近几年，工作室成员所获得的省级、市级、区级荣誉和奖项，见证了我们的收获与成长，也见证了深圳市杨松名教师工作室工作开展的成效。

杨松老师给我们开设了多场讲座，分享他的教育理念和成功经验，引领我们走向"教研之路"；他带领我们研读课标、教材，准确把握"教什么"，思考"怎么教"；以"师徒同上一节课"的形式开展实实在在的教研活动，以课促研，研课磨课，提升我们的专业素养和教学艺术；带领我们"走出去"，到北京、河南、西安、广西等全国各地，或支教，或交流，拓宽我们的视野，与全国各地的名师们在碰撞、交流中提升；将华应龙、牛献礼、刘延革、刘松、贲友林等全国知名数学特级教师"请进来"开展7场"与名家大师共探教学"系列教研活动，为工作室成员和学员提供了高端的学习平台，每一场名家、大家的讲座、课例都带给我们不同的震撼，不同的启发，为我们打开了教研的另一扇窗。杨松老师创建的"杨松工作室交流群（全国群）"为我们搭建了又一个高端的学习、交流平台，杨松老师每周精心设计一个富有研究价值的数学话题让全国各地的数学教师参与讨论，有特级教师的精彩发言，也有一线教师的经验分享，还有杨松老师每周的精彩小结与点评，让我们感受到了常态的"高端教研"。

我珍惜每一次宝贵的学习机会，积极参加工作室的每一场活动，学习与反思并进，补自己的短板，不断提升自己。

二、挑战自我，历练提升

我已有20多年的教学经历，我深知学无止境。我勤于学习，乐于思考，勇于挑战自我，在一次次的历练中提升。在"师徒同上一节课"教研活动中，我和徒弟胡婉茹老师开启第一场教研活动，我执教的"长方形和正方形"、徒弟胡婉茹老师执教的"面积"均获导师和来宾们的高度评价；在深圳市杨松名教师工作室组织的"深杭两地名教师工作室联谊教研活动"中，我执教课例"平行四边形的面积"获来宾的高度评价；2018年前往广西做讲座"立足课堂，做实教研"，以"科组建设"为主题与广西数学科组组长们进行深度交流，获老师们的高度评价；2019年深圳市杨松名教师工作室成员一行前往广西乐业支教，我执教课例"周长和面积"获广西领导和教师们的高度评价。

每一次的历练与成长，都离不开工作室主持人杨松老师的精心指导，以及工作室伙伴的大力支持与协助。

三、实现自我，"教""研"并进

在杨松老师的指导与帮助下，我虚心学习，乐于钻研，自身的教研水平和教学艺术有很大的提升。我的数学课堂比以前更加关注学生，以人为本，眼中有学生，心中有学生，以轻松活泼、生动有趣的数学课堂激发学生的学习兴趣和探究欲望，着力于培养学生的数学素养和可持续发展的学习能力；所教班级的教学质量在学校同年级、区内名列前茅；组织我校数学教师开展的教研活动更加有实效、有针对性，以"同课同构""教材分析""说课比赛"等形式开展务实、高效的教研活动；以我校的"数学季"为契机，开展丰富的数学活动，让学生在活动中浸润数学素养；以"年级集体备课"为抓手，组织科组教师先着眼"教什么"，再探索"怎么教"；辅导科组年轻教师参加各级各类教学比赛均获优异成绩……

四、超越自我，砥砺前行

在一次次的历练中，我不断挑战自我，实现自我，超越自我。2018年度，我被评为广东省"南粤优秀教师"，这是一份荣誉，更是一份沉甸甸的责任。我深知：今后的自己还需不断学习，不断超越，不仅要实现自我，还要超越自我，在教师的队伍中发挥应有的示范引领作用，与年轻教师共成长，让自己的教研水平和教学艺术更上一个台阶。

首先，继续树立终身学习的理念，加强自身的学习，多读书，读好书，提升自身的综合素养。其次，在教研路上，且行且思，不断反思、总结，善于捕捉教育教学中的各种"灵动"，深入思考，总结经验与教训，不断提升自身的理论水平。最后，在埋头工作的同时，不时仰望星空，走近名家、大家，走进更广阔的教研天地。

感恩成为深圳市杨松名教师工作室的一员，能在杨松特级教师的带领下，与一群志同道合的人一同走在教研路上，领略教研路上美丽的风景。今后当继续努力，砥砺前行，在教研路上遇见更好的自己！

逐梦之路，永不停步

——深圳市杨松名教师工作室成长感悟

深圳市盐田区田心小学　彭丽文

　　时光荏苒，眨眼已是2020年。5年来，有幸在工作室主持人、全国特级教师杨松老师的引领下前行，与名教师工作室的伙伴们一同逐梦。在成长的道路上，我们携手前行，从不停步。回望学习之路，我深切地感受到名师不忘初心、潜心教育的情怀，见识了名师渊博的学识、深厚的底蕴，见证了名师引领成员、学员成长，不断登高的人格魅力。在这里，我们勇于探究、锐意进取；在这里，我们付出汗水、收获成长；在这里，我们刻下自己成长的轨迹；在这里，我遇见了更好的自己。

一、近名师，听讲学

　　自加入工作室以来，工作室为我们提供了许多走近名师、探寻教学真谛、提升专业素养的机会。近年来，工作室开展了"与名家大师共探教学"系列教研活动，邀请了全国一线数学名师如华应龙老师、牛献礼老师、贲友林老师、刘松老师等为我们带来线上、线下形式的讲座、课例分享、研讨等活动，引领我们全体成员、学员联系教学实际，教、学、思并进，逐步提升教学能力与专业素养。

　　2017年9月29日，广西师范大学的汤建芬教授来深圳就"导学案的设计与实践"展开专题讲座，从导学案的核心理念、设计要领、实践运用等方面具体介绍了操作过程，让我对导学案的编制与使用有了比较深入的了解，从此更加关注课堂，关注学情。

2018年6月9日，工作室在盐田区田心小学开展了"与名家大师共探教学"系列活动第一场（杭州名师）。在此次活动中，我们和来自全市26所学校及香港福德学社小学的近200名小学数学老师共济一堂，聆听了全国著名小学数学特级教师贲友林、刘松的献课与讲座。在讲座中，我们与名师面对面交流探讨，让我对积极的职业意识、教师角色观念、职业生涯规划有了全新的认识。

2020年7月，工作室举办了"与名家大师共探教学"系列活动第七场（北派名师），我们在云端聆听了全国著名小学数学特级教师华应龙、牛献礼、赵震带来的精彩讲座。通过讲座，我明晰了作为一名优秀的数学教师应该具备的四种意识；认识到学生核心素养的形成在于学生的"悟"，教师应该更多地思考如何引导学生开展深度学习，深入思考，理解感悟。

二、学进去，用起来

课堂是教师教育教学的主要阵地。我要求自己备好每一节课、上好每一节课。在日常教学中我仔细研磨，力争将每一节课都打造成高质量的精品课例。让学生不仅在课堂中习得知识、技能与方法，更学会如何深入地思考，开展探究活动，习得获取知识的能力。在课堂中渗透数学思想，让学生感受数学的魅力。

2018年6月，我们工作室一行七人来到北京第二实验小学洛阳分校，与李烈名校长兰州工作室、张胜辉名教师工作室、洪海鹰名教师工作室、牛筱琼名教师工作室共同开展"本真课堂"五校联盟第117次交流活动。在活动中，我作为深圳市杨松名教师工作室代表就课例"分数的再认识"进行说课，与与会老师共同探讨、交流；同年12月，我参加杨松名教师工作室"与名家大师共探教学"系列活动，与蔡宏圣老师同台献课，执教"找规律"一课；2019年5月，与工作室一行六人代表盐田区教育局到广西乐业县支教交流，上示范课"填数游戏"等。

在任职期间，每学年我都上两节或两节以上校级以上公开课，一节区级以上公开课，如2016年在学校上的示范课"搭配中的学问""轴对称图形"；2017年在学校上的贵州教师跟岗学习示范课"确定位置"，到洛阳市洛龙区参加全国名教师工作室交流活动，上展示课"分数的再认识"；2018年在学校上示范课"分类"，承接工作室"与名家大师共探教学"研讨课，执教"找规律"一课；2019年4月参加"新样态学校2019学术年会暨盐田教育高质量发展论坛"，代表田心小学上"学思课堂"展示课等。我珍惜每次上课的机会，珍惜每次与大家交流的机会，虚心听取大家的建议，不断提升自己的课堂教学水平。

我珍惜每一次学习的机会，更珍惜每一次历练的机会。每一次历练都可以融入自己的思考，带来新的反思。在"扒了几层皮"后，获得成长与蜕变。

三、学会"评"，学会"品"

评课，曾是自己一直以来很排斥的事情；评课，对我而言也是极富有挑战性的事情。因此，在个人成长计划中，我将其作为一个目标，希望自己能有所突破。很庆幸，通过努力，自己做到了！我感谢工作室给我创造的一次又一次挑战自我的机会，也感谢自己从未放弃，勇于面对！

在这几年里，我仔细研读一至六年级的教材，努力学习、积累教学理论知识，不断提升自己理论联系实际的能力。在每一次教研活动中，我都积极参与，认真听课，思中辨，评中品。鼓励自己敢于张口，在评价之余认真倾听其他老师的评课，思考他们评课的角度与方式。在借鉴与思辨中，自己的评课水平逐步提高。在此期间，我将自己的心得体会一一记录下来，撰写了一篇关于"评课"题材的论文。

四、师与徒，结伴行

工作中，在积极研磨课堂教学的基础上，我认真指导工作室青年教师学员余芬晓和巫焰兰以及本校青年教师曾洋老师的教学工作，鼓励并指导她们积极参加各级赛课，撰写教学反思、读书心得、教育教学论文等。

在2016年的数学教学比赛中，余芬晓的"密铺"获得了盐田区数学课堂大赛一等奖的佳绩；巫焰兰的"轴对称图形"获得了盐田区数学课堂大赛二等奖的好成绩。在"实战练习"中，她们的教学设计水平和课堂驾驭能力得到了快速提高。2016年余芬晓老师作为深圳教师代表参加了广西"绿城之秋"全国小学数学名师课堂教学活动，执教的课例获得了一致好评。

在2018年盐田区"四有杯"大赛中，余芬晓老师获得了"四有杯"初赛（数学组）第一名的好成绩，代表数学组参加区"四有杯"复赛获二等奖。

5年里，余芬晓老师主持区级重点资助课题1项，参与完成市级课题3项，撰写并发表论文4篇。巫焰兰老师主持区级课题1项，参与区级课题研究2项，撰写并发表论文2篇。

五、享成果，明方向

不忘初心，一路前行，收获季的成果见证了自己的成长，也更明晰了自己成长的方向。

（1）2017年被评为深圳市优秀教师；盐田区优秀班主任；田心小学年度优秀教师。

（2）2017年参加盐田区说课比赛获一等奖第一名。

（3）2018年参加深圳市说课比赛获一等奖。

（4）2015年至今共开展课题研究6项，其中，1项为主持人，已开题，4项已结题，1项正在进行。共发表论文6篇。

（5）多次承担市级、区级专题研讨课和教学公开课，曾前往北京、洛阳等地上示范课，获得与会专家、教师的好评。课例"认识图形"被评为市级优秀课例。

（6）2016年12月获深圳市少先队活动课说课大赛二等奖。

（7）辅导学生参加各级数学竞赛获精英奖、金奖若干名，2016年12月被评为第十届国际青少年数学竞赛（中国区）优秀指导教师。

（8）2018—2019年指导学生开展2项市级课题研究并顺利结题，撰写并发表论文2篇；指导学生参加市级征文比赛获一等奖，获市级科技创新大赛三等奖；被评为深圳市优秀指导教师。

工作室的学习忙碌而充实，弥足珍贵。这里有欢笑，有泪水，有感动。在这里，我见证了自己的成长与收获，亦发现了自己的不足。在今后的教学生涯中，我会以高标准严格要求自己，不断提高充实自我，踏实勤恳地走好每一步。做一名有品位、有底蕴、业务能力过硬的优秀教师，做一名轻松、快乐、受欢迎的人民教师。

名师领航，快乐学习，享受成长

——记加入深圳市杨松名教师工作室个人成长感悟

深圳市盐田区田东小学　孔丽莉

何其幸运，我能加入深圳市杨松名教师工作室，成为5名成员中的一员。在工作室里，由名师领航，同伴们互相鼓励促进，使我在个人专业成长方面获得了长足的进步，让我遇见了更好的自己。感恩！现将5年的工作室学习生活个人成长感悟总结如下。

一、名师引领，助力成长

加入工作室之前，不管是知识、视野，还是对教育教学的学习与认知，我都处在比较低的水平上，完全可以用安于现状来形容当时的自己。进入工作室后，在感受杨松老师人格魅力、热爱生活、热心教育的胸怀及其名师的深厚底蕴中，在杨松老师一次次与我们推心置腹的聊天中，我认识到自己在专业上的"浅"及学习提升的紧迫性。自此，我对自己提出了更高的要求，慢慢地也有了前进的方向和目标，使我的专业发展进入了快车道。在这过程中，我对教学的喜爱越来越多，越来越想亲近它、研究它。

在工作室，我时时感受到杨松老师对我们专业成长的助推。他总能不知不觉地用激情点燃我们的热情，用智慧启迪大家的思维。印象最深的是每一次研讨课的磨课，他总是不厌其烦、毫无保留地指导我们。从课例的整体设计、局部构思到具体关键处的每一句、每一字，他都带领着我们细细斟酌。一次次的试讲，一次次到位的点评，使我们收获的不仅是一节课的不断完善，而且是我们对教学理念、教学设计及教学方法等方面不断深入的认识。成长，就这么悄无声息地发生了！磨课的过程虽然辛苦，却是快乐的！因为，有杨松老师的指点和伙伴们的集思广益，身处其中，我感受到的是满满的爱与沉甸甸的收获！

二、合作争鸣，突破自我

在工作室，有一群团结合作、乐于学习、积极奋进的好伙伴一起努力着、进步着。在杨松老师的精心组织下，工作室的学习内容丰富，形式多样，既有来自全国各地名师、大家的理论学习、专题讲座，也有名师示范课和学员研讨课，还有各级各类的外出学习交流……每一次活动，大家都积极参与，在活动研讨中展开热烈的讨论与交流。大家分享学习成果，享受团队乐趣。在这过程中，总能感受到伙伴们充满智慧的思维火花，让我既有知识上的沉淀，也有教学技艺上的增长。

在平时的生活中，我们互相问候，交流谈心。在工作中遇到问题和烦恼，我们也会一起讨论，互相帮助，共同消除困惑，给予彼此支持和鼓励。在这里，我总能感觉到团结合作的力量和暖暖的情谊。我们一起学习，一起研究，交流想法，共同提高；我们经常争论，各抒己见，同时也会用心倾听他人的想法，博采众长。我们在这个大家庭里幸福地学习着，成长着……

三、以书为友，沉淀感悟

这些年来，杨松老师经常提醒我们要多看书、勤思考，只有这样，才能积淀我们的思想。杨松老师除了给我们推荐一些教育教学书籍以外，还利用工作室经费统一购买书籍、杂志供我们学习、研究，进行交流、讨论。

由以前的不爱看书到现在能有目的地阅读各类书籍，不断提升自我，我想这也是这个团队给我的觉醒与力量。

杨松数学名教师工作室是一个团结合作、乐于学习的团队。在这里，我们领略名师的风采；在这里，我们彼此碰撞智慧的思维火花；在这里，我们找到了自己前进的方向。在今后的教育教学中，我将本着勤学、善思的准则，更加严格要求自己，力争在教学、教研等方面更上一层楼！

一棵树撼动了另一棵树

——我在深圳市杨松名教师工作室的成长体会

深圳市盐田区庚子首义中山纪念学校　曾永记

2015年，我有幸成为深圳市杨松名教师工作室成员。还记得当初参加名教师工作室面试时，导师问了我这样一个问题："你感觉自己在现在的教学工作中，有何不足？"当时我想了想，也说不出个一二三。理论不足？也不知道到底缺什么理论。实践不足？教了这么多年书，感觉自己还能应付。刚走上讲台那会儿，确实有很多事情不懂，自己边做边学，干了几年后，貌似已能胜任。进入名教师工作室后才发现，原来"教书"还有那么多学问，自己才刚入门！之后，跟着工作室经历越多，思考越多，质疑自己的地方也越多，这时才学会看自己的不足，才发现自己很多事情做得不好，于是就有一种特别想学习的冲动。

在工作室的这些年，上课、磨课、听课、听讲座、读书、写论文等，忙碌而充实，让我又经历了一次从懵懂到成熟的成长过程，这个过程是有滋有味的！教育界流传着这么一句话：一棵树撼动另一棵树，一个灵魂唤醒另一个灵魂。那么，在工作室里，我确实被撼动了，被唤醒了！

现在，我想分三个方面来具体谈谈在工作室的成长体会。

一、领略名师风采，催生成长念头

我们工作室主持人杨松老师是全国著名的特级教师，他在教学方面获过两次全国一等奖！杨松老师对业务孜孜以求、精益求精，对我们毫无保留、不计名利、甘为人梯，对徒弟好过对自己。杨松老师和我们共探教学时，他在数学教学方面的真知灼见让我们豁然开朗，在课堂上灵动的教学智慧让我们深受启发。这些都让我们对杨松老师由衷地佩服和尊敬。我们还有幸聆听到杨松老师更多背后的故事：他可以为备一节课，一夜看完整个小学教材；他能为参赛，试讲到嗓子发炎也不停止……我们也渐渐明白特级教师是怎么练成的，成功的背后隐藏着努力和付出。杨松老师的研究之路并未停歇，而是越走越快，跟着这么优秀、这么努力的人，我们能不加油吗？

同时，工作室还搭建了"与名师大家共探教学"的平台，让我们接触到全国各地教育界的名师、大家。只要稍加回忆，这些名师的风采就历历在目。牛献礼老师，他能时刻将学生装在心里、爱到骨子里，能"把每一堂课都当作献给学生的礼物"，能教我们如何在教学中"让学习真正发生"。华应龙老师，他能将数学课上得像欣赏"大片"一样有趣并饱含人生哲理，能将数学当成散文那样讲得精彩动人，能在"化错教育"上书写华章。蔡宏圣老师，他能从数学史的角度深刻诠释数学教育的原理，让我们对数学教育有别开生面的理解。李培芳老师，他能用幽默的语言加极具喜感的造型演绎课堂的精彩，让我们感受到他在数学教育上孜孜不倦的思考和追求。汤建芬教授，她对小学数学教学的理解之深，让我心悦诚服。从这些名师身上，我们不但学到了许多宝贵的教学经验，还领略到了人格魅力，感受到了"师者大爱"。有了这些感染，无疑会促使我们将更大的热情投入教育事业中去。

二、潜心教学研究，加快成长步伐

工作室里的教研方式是多样的，有磨课、听课、评课、听名师讲座、外出交流学习、网络论坛等；工作室的每次教研活动，我都全身心投入，积极准备，认真记录、反思，争取进步更快。工作室里的教研氛围是浓厚的，我们喜欢来工作室，这里充满温馨、团结、学习的氛围，每一次聚会都可以交流谈心、畅所欲言、消除困惑，每一次探讨都可以博采众长、开阔视野、共同提高。在这样一个团队里，我能感受到学习对象就在旁边，能体会到学习交流的快乐，能收获到进步成长的喜悦。

杨松老师经常鼓励我们多看书，增加我们的知识积淀。我阅读了牛献礼老师的《让学习真正发生》，真是越读越喜欢，书里一个个经典案例让我茅塞顿开；再读张奠宙等专家编著的《小学数学教材中的大道理》，让我对小学数学教材的内容本质有了更深的认识；还有华应龙老师的《我这样教数学》、戴曙光老师的《简单教数学》等正在研读。平时也读一些科普读物，如李淼的《给孩子讲相对论》《给孩子讲量子力学》等。我还关注了多名教育界名家大师的公众号，如华应龙老师的公众号里有很多富有深意的各类文章，读来常有如获甘露之感。

"纸上得来终觉浅，绝知此事要躬行。"书本上学到的教学理论要变成自己的专业能力，需要付诸教学实践。教学实践的根本在课堂，工作室这些年也是紧紧抓住课堂这个根本展开各项活动。我们经常有观摩名师课堂的机会，观摩后，更重要的是参与上课。工作室搭建了"师徒结对汇报课"平台，成员和学员结对上汇报课。还有和其他工作室交流上课的活动，有将特级名师请进自己课堂的机会。工作室里的活动多是带着课题开展的，所以我们也有很多上课锻炼的机会。工作室会在课前组成磨课小组对要上的课进行多番打磨，杨松老师经常参与，我们的磨课会细致到每一句话、每一个动作，这是在进入工作室以前未曾经历过的。课后，还有详细的评课，我们的评课直击要害，非常有实效。这些年，我在工作室里经历过几次上课锻炼，专业能力得到了很大提升。

我们除了上课外，还有很多进学校听课的机会。我们听课是有任务、有压力的，听完课后要轮流发言进行评课，而且不能重复前面评课老师的发言，而最后杨松老师会对上课及评课进行点评。因此，我们听课得全神贯注，边做记录边思考，听完课马上整理自己的评课稿，评课进行时还得边听前面老师的发言边调整自己的发言，最后聆听杨松老师点评。杨松老师的点评每次都能让我们受益良多，他对问题看得很透，说得很明，让我们佩服！在这样的听课、评课活动中，我们的成长是很快的。

三、反思审视自己，坚定成长方向

在工作室的研修道路上，我充实而快乐，这要感谢工作室里一起走过的伙伴们，更要感谢工作室主持人、特级教师杨松老师的一路引领和教诲。

工作室让我成长了许多，同时也让我意识到自己的不足，认识到与名师大家的差距，与工作室优秀老师的差距。王国维的《人间词话》里说："古今之成大事业、大学问者，必经过三种之境界：'昨夜西风凋碧树，独上高楼，望尽天涯路。'此第一境也。'衣带渐宽终不悔，为伊消得人憔悴。'此第二境也。'众里寻他千百度，蓦然回首，那人却在灯火阑珊处。'此第三境也。"我现在处于什么境界，自己难以说清，或许还没有入境吧，不过我会始终保持"学习先进、提升自我"的初心，随同工作室继续"修炼"。

对我来说，想成为名师、大家，或许是一种奢望，但我可以"最大限度成为我可能成为的人"。我可以学习华应龙老师的"像农民种地那样教书"，当"庄稼"长得不好时，不是责怪"庄稼"，而是反思自己。我可以学习牛献礼老师的"把每一堂课都当作献给学生的礼物"，喜爱自己的课堂，享受自己的课堂。我可以学习各位名师"师者大爱"的精神，发自内心地、像父母一样去爱每一个学生。在今后的教育路上，我真心希望能用我这棵树去撼动另一棵树，用我这朵云去推动另一朵云。

最后引用一句名言作为本文结尾："天使为什么能飞？因为她把自己看得很轻。"

一路人，一路成长，一路风景

——深圳市杨松名教师工作室成长感悟

深圳市盐田区庚子首义中山纪念学校　余芬晓

不知不觉中，加入深圳市杨松名教师工作室已经5年了。在这5年里，我努力着，学习着，收获着。回想这些年的学习过程，我由衷地感谢工作室这个大家庭，这里有专业过硬的引路人，有志同道合的同伴，携手同行，一路成长，遇见一路美好的风景。

一、专业引领是我成长的加速度

课堂是教师专业成长的主阵地，名教师工作室则是我们快速成长的平台。进入工作室的第一年，我主动报名参加了"师徒同台献课"活动，在师傅彭丽文老师的指导下，我执教的课例"密铺"得到了工作室主持人杨松老师和全体成员的一致好评，该课例在盐田区小学数学课堂教学比赛中获一等奖。2016年，我跟随主持人杨松老师赴广西参加"绿城之秋"全国名师课堂教学展示活动，第一次站在这样大型的舞台上课，我既兴奋又忐忑。还记得临上课前几天，主持人杨松老师和工作室全体成员还在帮我修改教案，细致到每一句话、每一个字大家都反复斟酌，那天我们一直讨论到晚上12点，让我感动不已。能够拥有这样的团队力量，是多么的幸运！而我在这样的团队帮助下，一次次地挑战自己，研讨课、比赛课、公开课……每一次磨炼都是成长，每一次付出都有收获。

二、聆听学习是我成长的催化剂

名教师工作室活动丰富多彩，而让我感触最深的是"与名师大家共探教学"系列活动。将全国著名的大师们请到身边来，让我们近距离感受大师们的风采。大师们精彩的课例和讲座是我们宝贵的学习资源。大师们的指导让我们在教学中少走弯路，不走岔路。一位好老师什么样？一堂好课什么样？在大师们的分享里，我感悟着、思索着……每次聆听过后，我都会及时将自己的体会写下来，并带着这些心得在往后的教学中不断实践。

三、阅读反思是我成长的法宝

华应龙老师说："会读书才能教好书。"工作室也倡导我们多读书，还购置了一批书籍供我们借阅交流。阅读可以吸纳他人的智慧，阅读可以解答心中的疑惑，阅读可以指引前进的方向。在忙碌的工作中，抽出一些时间，放慢脚步，坚持阅读。在阅读中我提升了理论水平，也更能读懂我的学生，还享受到了职业幸福感。读完一本书，我除了写读书笔记外，还坚持实践反思、撰写论文。在工作室学习这几年，我一共撰写并发表论文4篇，主持开展区级重点资助课题1项，参与完成市级课题3项。胡适先生说："读了书便可以多读书。"在漫长的教学生涯中，我还需要不断阅读，在阅读中积累，在思考中沉淀，在成长的路上快乐行走。

回顾这几年在工作室的学习，我收获很多，但越是成长，越感到自己其实还有很多的不足，仍需一步一步，扎扎实实，不断学习，不断积累，勇于实践，勤于总结。"独木不成林"，我深知自己一个人是难以进步的，名教师工作室不仅给我提供了自我成长的空间，也给我们创建了互相学习、互相进步的大家庭。在这个大家庭里，我找到了前进的方向，今后我会更加严格要求自己，虚心向优秀的同伴学习，不断追寻名师的足迹，遇见更好的自己。

成长路上，感恩有你

深圳市盐田区林园小学　陈晓娟

　　毕业后到盐田工作的第二年，我就有幸进入深圳市杨松名教师工作室成为一名学员，在参加工作室活动的日子里，我经历着，学习着，收获着。回想这些日子的学习过程，打从心底里感谢杨松老师，感谢我的师傅晏长春老师，感谢工作室这个平台，让我认识并走近这么多热情且智慧的数学老师。从他们身上，我一边感受到他们成为名师后的谦虚好学，一边享受他们毫不吝啬的指导与点拨。他们对于数学教学发自内心的热爱让我感动，对年轻教师的无私引领让我敬佩，对数学教学永不止步的勤勉钻研让我敬仰。盘点这几年来的学习生活，我既有理念上的洗礼，也有知识上的积淀，还有教学技艺的增长，收获颇丰！

一、在阅读中成长

　　自从加入工作室，"阅读"是每一次教研活动必提到的关键词。读书，不只是语文教师的专利，作为数学教师，更需要经常读书来充实知识框架，提高理论认识，学习名师的教学技艺。作为小学数学教师，课程标准是案头必备，也是每一节课前需要细读、课后需要细品的宝藏，更是在教学中出现疑惑的专业指导。随着参加工作室的"静悄悄的教研"活动，聆听每一次杨松老师、晏长春老师、张老师等的点评，我越发体会到课标的重要性，课标是评判一节好课的基准。加入工作室后，有了师傅的"逼迫"，同人们的感召，《小学数学课程标准解读》《小学数学教师》《小学数学教育》《让学习真正发生》《吴正宪与小学数学》等书刊是我的案头书，读书时圈圈点点，乐在其中。

在动力与压力中，我边学习边思考，两次在省级优秀期刊上发表论文：《小学数学低年级有效导入策略的研究——以北师大教材一、二年级为例》一文发表于2018年3月的省级优秀期刊《中外教育与研究》，《基于核心素养下培养小学生数学审题能力的策略研究》一文发表于2019年10月的省级优秀期刊《教育科学与研究》。阅读，在不知不觉中改变着我对教育教学的认知。

二、在磨砺中提高

名教师工作室的学习培训给我带来了很多机遇，也给我提供了锻炼自己的舞台。在"师徒同台献课教研活动"中，我承担了二年级"分物游戏"的课例。那是我踏上讲台的第二年，也是踏上区级公开课的第一次，印象非常深刻。在备课的过程中，我反复磨课，向科组长、同事和工作室请教，力求能把课上好。在此过程中，我的师傅晏长春老师到我的课堂上来指导，不遗余力。课后的点评更是在我成长路上打开了一道自我突破的口子，课上完了，杨松老师点出了我从来没意识到的问题："你真的是生本课堂吗？你真的有倾听每一个学生想表达的东西吗？"这两个问题如当头一棒，把我敲得天旋地转，羞愧的泪水在眼眶里打转……正是这次珍贵的经历，让我重新思考起我的课堂，也是让我彻底发生改变的转折点。我曾经一度惧怕上公开课，因为在众人面前献丑的羞愧感太让人难受了。但是，假如没有人点破你浅表的认知，指出你的问题，你也不会真正改变。

杨松老师的点评已经在我脑海里生根，让我之后每一次课前、课中、课后都对比反思：我合格了吗？一次次的反思、调整、再尝试，让我悄悄地发生着改变。后来，我发现机会越来越多，科组的指导、学校的信任，我参加了不少市、区的比赛并取得佳绩：2018年12月参加深圳市小学数学课堂教学比赛获二等奖；2019年10月参加盐田区中小学数学青年教师教学能力大赛获小学组一等奖；2018年5月参加盐田区小学数学课堂教学比赛获一等奖第一名并晋级市赛；2017年5月获盐田区小学数学说课比赛二等奖以及校内比赛多次一等奖第一名。此外，还被评为区"先进教师""优秀教师"等。比赛不是一个结果，而是一个磨砺的过程，正是这些过程，让我一步步提高教学水平，一天天反思不足，一次次想要进步。

三、在聆听中进步

几年来，名教师工作室的活动丰富多彩，京派名师、苏派名师、特级教师专题讲座，佛山交流活动和"静悄悄的教研"活动等，形式多样，线上网络课程、线下教研交流，每一次活动都让我经历一次洗礼。特级教师们艺术化的课堂、独到的教材解读、灵动的教学技艺……无不深深地震撼着我。每一次培训都能让我找到努力的方向，每一次的聆听都给我以新的思想、新的启发，为我的教学注入新的活力。每一次教研活动中的主持人工作也让我更加注重提高自己的表达能力和临场应变能力，小小的主持人工作背后，也有杨老师和晏老师悉心的指导与提点，感激！

深圳市杨松名教师工作室的学习让我成长，让我发现自己的不足，更引领着我不断突破自己，珍惜！在今后的学习中，我将更加努力，汲取养分，向杨松老师学习，向每一位师傅和学员学习，缩短差距，不断进步！成长路上，感恩有你！

工作室成长感悟

深圳市盐田区外国语小学　胡婉茹

时光飞逝，在深圳市杨松名教师工作室学习的日子已经悄悄溜走了几年，非常感谢杨松老师给我们搭建了一个这么棒的学习平台，让我们有了更多的学习机会。在和前辈们一起走过的日子里，我经历着，学习着，收获着，从一个懵懂的大学应届毕业生慢慢地成长为一名数学教师。在这里，我不仅仅收获了知识上的积累、教学技能上的增长，更是在与大家一同的学习交流中不断更新和完善着自己的观念。

一、在锻炼中提高

作为名教师工作室的学员，在工作室成立之初，我就得到了各位前辈的指点和打磨，以"什么是面积"一课为内容，参加了"师徒同台献课"活动，在名师、大家的帮助和指点下，我上课的思路变得更加清晰了，对知识点的定位也更加准确了，自己对教材的理解以及和学生的课堂沟通技巧都有了进一步的认识与提高。

同时，在我校尝试多样化的教学方法展示课上，我利用超脑麦斯学具和iPad执教的"三角形的分类"以及后期相关专家莅临我校，指导我校教师借助相应平台尝试信息化教学时，我借助iPad执教的"密铺"一课，都得到了工作室的帮助。尤其是"三角形的分类"，杨松老师提出的改进方法和建议都让我受益匪浅，帮助我将知识更简捷地呈现给了学生，既帮助学生学习知识，又能一脉相承，让课堂更有融合性，在师生互动中拉近了彼此的距离。

二、在巨人的肩膀上成长

在工作室中，最幸福和幸运的事就是能有机会近距离地向名师、大家学习。华应龙老师，这位名师从书本和录像中走到了我们眼前，和我们一起交流教学问题，为我们解答疑惑，名家大师的教学观、教育格局和理念让我们佩服得五体投地，也深感差距之巨大。听了华应龙老师的课以及讲座，我被华老师深厚的文化底蕴、教学功底和个人魅力震撼了，他书柜上一排排书以及书上密密麻麻的笔迹，那一份份用心写下的教育感悟、思考，给了我们很大的精神动力，看到了匠心精神就在我们身边。这种精神动力和鼓舞让人铭刻于心。

三、跳出自我局限，聆听他人，旁观自己

当局者迷，旁观者清。在工作室中，我们还学习了如何听课、评课，在听各位伙伴对课的分析、评论后，再结合杨松老师的点评，我们从个人局限中跳出来，反而更能发现自己的问题。听课、评课一直是我不擅长的，以往评课只能做表面功夫，谈论些"课件字号还能再大一些""语速可以再慢一些"这样的问题。跟着大家学习后，我开始尝试寻找核心问题，哪里感觉不太顺，是什么原因导致的，是哪些知识点的处理忽略了或是方式上欠妥当等。这些问题也是平时自己比较容易出现的，在听完大家的分析介绍后，自己也收获了不少应对策略，同时在实践中也会在备课时多一些考虑。

感谢名教师工作室带给我们这么多思想上的洗礼、理念上的革新、方法上的指导。在今后的学习工作中，我将不断努力，将自己的收获运用于实践中，争做一名合格的小学数学教师。

齐头并进，扬帆起航

深圳市盐田区梅沙未来学校　陈粉莲

　　加入深圳市杨松名教师工作室已经有好几年，刚刚加入的时候，自己还是初出茅庐的新教师，现在已经工作6年多。工作室成员中有经验丰富的骨干老师，也有初涉教坛的新秀；有的老师教高年级，也有的老师教中低年级，但我们有着一个共同的教育情怀：以生为本，与生共成长。在每一次的教研活动中，我们都体会到了交流的愉悦、收获的快乐、成长的欣喜。在工作室主持人杨松老师的引领与指导下，在和工作室各位老师的学习交流中，在工作室严谨、务实、求真的学术氛围里，我们不断成长、不断收获。

　　每一年，杨松老师都会邀请全国名师来到盐田为大家献课：华应龙、牛献礼、贾友林、刘松等名师已经多次走进盐田，让我们这些普通的一线教师能够与名师、大家进行面对面的交流。对比以往，学校老师自行组队去参加民间机构组织的一些教研活动，现场成百上千名教师一起听课，距离远一些根本就看不清也听不清，晚一点到会场可能连位置都没有了，交流的机会也寥寥无几。而现在，工作室加上区里百来位教师一起听名师大家们的课，课后，我们可以有一个多小时的时间进行交流，有什么疑问可以随时提出来。老师们不出一分钱（相比一些培训机构动辄七八百元一个人的费用），收获满满。

　　一线教师在教学前沿待久了，理论知识容易匮乏，这一点，工作室也细心地发现了。工作室多次邀请广西师范大学的教授到盐田开展讲座，教大家如何将理论和实践相结合。

　　上学期，杨松老师带着工作室的成员到每所学校观摩青年教师的常态课并进行指导。到课后的研讨环节，让我眼前一亮。按照以往的惯例，一般是授课教师说一说自己的教学设计，然后大家轮流点评。而这一次，在其他成员发表自己的看法后，杨松老师首先针对工作室成员的发言进行评价："点评是否到位，哪一些观点有点狭隘，有待研究。""点评的语言有些干巴，还需要多看书，增强理论功底。""这一次的点评很到位，相对上一次有进步。"等等。这些是以往从未有过的，在评课的过程中，工作室成员和授课教师共同成长。不，连我这个旁听者也共同成长了。

在杨松老师的带领下，工作室一直扎扎实实搞教研。记得有一次研讨课结束后，杨松老师要求马上把刚刚授课的视频调出来，大家针对每一个环节细细地观看，再进行针对性的点评、研讨。有了这样的指导，相信授课教师也会有质的飞跃。

深圳市杨松名教师工作室不仅为我们提供了提高自身素质的空间，也成为学员们互相学习、互相促进的平台。在这个大家庭里，我们领略到了名师的风采，体会到了互助共进的热情，找到了前进的方向。未来，我们将扬帆起航。

听课，听辩，听评

深圳市盐田区盐港小学 林莹莹

　　加入深圳市杨松名教师工作室5年，我认为自己在思想上、教学技能上都有所进步。5年来，在主持人的组织下，我们非常幸运地观摩了很多名师课堂，很多场"师徒同台献课"活动。每次参加活动，我都觉得自己处于充电状态。用三个词总结自己的收获，就是"听课""听辩""听评"。

　　听课。顾名思义，就是观摩课堂。作为一名青年教师，我觉得观摩课堂是我们的提升方式之一。听名师课堂，虽然很多课堂以我们现在的功力还没办法直接模仿，但我们可以从思想上提高自己。听"师徒同台献课"，每次都让我很有触动。师傅们优秀的课堂让我惊叹，忍不住思考可以怎么模仿，哪些教学细节可以运用在公开课上或者平时的课堂上。2016年，听了张丹婷老师的"长方形与正方形"一课后，我刚好带二年级，便尝试自己在校内上。最后的效果没有我想象的好，我想，这是经验与功力不足，自己还得多努力钻研学习。孔丽莉老师的"评选吉祥物"，精致的教具和课件我非常喜欢，在后来的教学中，我也十分注意教具和课件的精致性。听青年教师的课，我总能学习到不一样的技巧或者教学思想。余芬晓老师是比较有经验的老师，她执教的"密铺"一课，简洁的语言和数学思想的提炼当时给了我很大的震撼，这是我强烈需要学习的地方。听教龄跟我差不多的老师的课，也总能让我反思，一些教学细节的处理，原来还可以这样做。在5年陆陆续续的听课活动中，我受益良多。

　　听辩。每次上完课后，杨松老师都会组织成员和学员们针对本节课评课或者提问。在这个环节，通过上课老师的答辩，我能一步步走进这节课的设计，而不是停留于表面的赞叹。在教学设计上，他们可能有过不同的思考，而这些思考是什么？最后为什么又选择课堂上的处理？每次听着老师们的剖析，我会思考：如果是我，能想到这样处理吗？也会思考：是哪种选择更合理呢？这个思辨的过程，也是受益良多。

听评。活动最后，由工作室主持人杨松老师总结评课。每次的评课都很仔细，至今令我印象深刻的是杨松老师玩笑般讲述他当年准备省赛的过程。"我就像一个疯子一样，有两个自己，自己和自己对话，预设一，我讲完了，会出现什么结果，然后反驳自己的预设……"这一段话主要是教我们在设计教学的时候要做好预设，并且要尽可能预测结果，再进行辨析。那一场活动之后，我才明确备好一节课需要做什么。在这之前，我的备课就是走流程，一个环节接一个环节，但没有仔细思考我这个问题抛出来的作用以及可能出现的反应，这些反应不是理所当然按照标准答案走的。在听评课的潜移默化中，我学习了许多，也运用到了自己平时的教学上。

活到老，学到老。我们教到老，更要学到老。感谢工作室这个平台，让我有学习进步的机会！

在最美的时候遇上你

——记深圳市杨松名教师工作室学习二三事

深圳市盐田区乐群实验小学　陈志鸿

如今回想起5年前加入深圳市杨松名教师工作室的那一刻，那份激动再一次涌上心头。

我与师傅杨松老师相识在2008年，那年我还在田心小学代课，师傅以专家身份从顺德来深圳指导我上课。之后，每学期一约，这样持续了5年。再后来，我转正、调动，师傅当校长、教研员。我们在各自的岗位上奔跑，似乎越走越远……现在，能正式成为深圳市杨松名教师工作室的学员，对于我来说意义非凡。不单单是让刚开始萌生职业倦怠的我找到了一个助力提升的平台，更重要的是我又可以成为恩师的徒弟了，重温那份昔日的师徒之情。

5年间，我忘记了参加过多少场不同流派、名师大家的讲座，工作室采用"请进来、走出去"的方式，让我们零距离地接触了神州大地很多名家，算见过天地了。5年间，我忘记了多少个夜晚，青灯一盏，如饥似渴地翻阅着工作室推荐的书籍，把家里之前能睡人的书房填成了如今无法落脚的书堆，也算见过众生。回想这5年里，成长型人才、年度教师候选人、区级骨干教师、金牌教练、优秀教师、优秀班主任、先进个人、全国教学基本功特等奖、主编案例集、整理资料汇编、写书、发表论文、主持并参与国家、省、市、区级课题、应邀参加学术年会、上报纸……一切荣誉无不倾注着师傅和工作室兄弟姐妹们的心血。

难以忘记，那次出征山东赛场。因为只有一天准备时间，并且这一天时间还要包括从深圳到山东的行程。我一接到课题就从深圳出发,备课只能在飞机上进行了。师傅则在深圳备课,等我一下飞机立刻给我打长途电话,当天晚上还在线指导我到凌晨3点。第二天早上,师傅怕我起不来,6点半又打长途电话把我叫醒。最终我没有辜负大家的期望,获得全国一等奖。

难以忘记,那次工作室组织的"静悄悄的教研"活动。师傅带领我们走遍盐田的学校,不打扰正常教学秩序,不搞形式主义,静心地听评课、上示范课、面对面开小讲座,让教研真实地发生,让教研之花静悄悄地绽放,我也有幸第一次接受专业的听评课培训。

难以忘记,那次模拟上课任务。由于时间紧、任务重,我们小组多次集体备课、多次推翻教案,虽然大家来自不同的学校,可心是齐的。正因为有了默契的合作、和谐的氛围,最后便有了完美的呈现。最后,我在教学手记上写下这句话:"一次磨课就是一次蜕变。"

5年的工作室学员生涯,使我的内心充盈着沉甸甸的收获与感恩——感恩遇见!感恩在最美的时候遇上你!

工作室成长感悟

深圳市盐田区海涛小学 巫焰兰

时光飞逝，日月如梭。转眼，进入深圳市杨松名教师工作室这个大家庭5年了。2015年，刚步入工作岗位不到一年的我非常荣幸进入了深圳市杨松名教师工作室，成为其中一名学员。进入工作室就像是站在了巨人的肩膀上，让我有更多机会接触名师，获得培训，不断提升自我。

一、怀揣崇拜与兴奋，踏入工作室

对于杨松老师的印象，是从工作第一天进入海涛小学开始的。当听到我是一名数学老师时，就有老师对我说，她听过最具魅力的数学课就是杨松老师的课。杨松老师不仅人长得帅气，课还上得生动有趣。我还是第一次知道，数学可以这样上！从那时起，我就对杨松老师充满崇拜。非常幸运，不久之后区里组织新教师培训，其中有一项就是杨松老师的成长历程讲座，那是我第一次见到杨松老师，果不其然，阳光、帅气、风趣、幽默。听完他的成长经历，我更是由衷地崇拜。他之所以能有今天的成就，靠的不仅仅是天赋，更多的是对教育的热忱，对教育的执着和不懈的努力。从此，我成了杨松老师千万名粉丝中的一员！再后来，听到深圳市杨松名教师工作室成立了，我迫不及待地报名，并幸运地成为其中一名学员。在工作室学习过程中，我感受到名师的深厚底蕴、对教育的那份热情，感受到工作室伙伴们勇于探究的精神，感受到这个集体给我带来的动力。

二、师徒同上一节课，感受教研魅力

工作室最让我感受深刻的是师徒同上一节课活动。同课异构，对于师傅和徒弟都是很大的挑战。同样的内容，师傅有成熟稳重的风格，徒弟也有创新的方面。师傅的优秀示范让学员学习到很多实际课堂教学需要注意的地方，起到很好的示范作用，徒弟的展示也让学员知道如何发挥自身优势，克服缺点，让课堂充满活力。还有非常重要的评课交流环节，每一次思维的碰撞都有很大的收获。在工作室从来都不是"一言堂"，而是各抒己见，百家争鸣。杨松老师首先让我们观课，再发表看法，不论对错。我们带着思考学习，在评课交流中成长。我深深体会到：小到课堂中的每一句话，大到如何设计教学环节来落实核心素养的培养都值得我们探讨。令我印象深刻的是曾永记老师上的"小数的认识"这一节课，当时杨松老师提出一个问题：小数的认识这一内容，北师大版与人教版的安排有什么不一样。我当时完全没有概念，从来没有想过评一节课需要从不同版本教材进行对比，以为就课堂教学环节点评便可以。通过学习，我知道备课不是只准备教学内容那么简单，还需要了解教材的设计意图、内容所在的环节、学生的已有认知等，还需要有宏观的认识，甚至是不同版本之间的对比，才能更好地设计教学。这样的教研活动真的是干货满满。但是也有小小遗憾，由于我的胆怯，还有些懒散，没敢申请上一次课。经常听杨松老师形象地描述：公开课就像将整个人剥光让人随便观摩、评价，所有优缺点都展露无遗，但是这一过程过后肯定是收获满满。我觉得，我缺的就是历练。下一次，我一定勇敢地站上讲台，接受大家的指正，期待下次阵痛后的破茧成长。

三、师徒结对得帮扶，名师指点获提升

为了帮助学员更快地成长，工作室还开展了师徒结对活动。有幸与彭丽文老师结对，她有很多值得我学习的地方。比如，她的语言富有感染力，课堂充满数学味；她从不畏惧别人听自己的课、评自己的课，把听课、评课、议课当成自己成长的途径；她经常上工作室的公开课、示范课，参加了各级各类的比赛活动，获得了多个市级、区级一等奖；她锐意进取，积极参加各级各类教

研活动，开展课题研究，不断提高教科研能力。彭老师告诉我，公开课好比教学成长路上的高速公路，只有多上课、多打磨、多反思，才能快速上道。作为我的师傅，彭老师在生活、工作中都给予我很大的帮助与指导。对于教学中的问题与困惑，她总能不厌其烦、深入浅出地进行指导。她带领、指导我进行课题研究，给我推荐阅读书目，赠送书籍，让我多阅读、多思考。印象最深刻的是我参加"四有杯"比赛，课题内容是五年级的"分数再认识"，我在这节课的设计上没有抓住大问题，拘泥于细节，教学环节层次分析不清晰，而且对于只有20分钟的教学，我没有安排好时间，引入过于花哨，没有实质性的效果。这些问题源于我对教材分析不透彻，拿到课题备课没有认真研究教材、分析教参，而是急于从网上找资料，东拼西凑却没有自己的思考、没有核心问题。课堂效果非常差，赛后我也很沮丧，彭老师并没有过多批评，除了安慰，更多的是鼓励，是和我一起找原因。她针对我的教学设计，一点一点进行点评分析：首先，拿到课题要分析教材，要有全局宏观意识，对学生已有的水平、这节课要达到的目的等，都必须有清晰的了解。其次，根据内容进行设计。针对我教学环节不清晰、语言不严谨、重点不突出等问题，彭老师给出了具体详细的改进建议。对于"分数再认识"，要从四个层次进行分析：第一个层次，让学生回顾三年级学过的知识。第二个层次，放手让学生画 $\frac{3}{4}$，充分发挥学生自主学习探究的意识，接着根据学生生成的资源开展教学。让学生认识1个物体的 $\frac{3}{4}$，4个物体的 $\frac{3}{4}$，多组物体的 $\frac{3}{4}$，清楚无论是哪一种类型，只要将它平均分成4份，取出其中的3份就可以用 $\frac{3}{4}$ 来表示，发现三者之间相同的地方（平均分4份，取3份），不同之处是整体1不同。引导学生在对比中理解分数的意义。第三个层次，根据一个分数所表示的一个图形的一部分，画出原来的图形，由部分推知整体，逆向角度理解分数的意义。第四个层次，理解整体不同，同一分数所表示的具体数量也不相同。就这样，在彭老师具体细致的点评指导下，我对这节课的内容有了重新认识，认识到自己的问题，不再逃避、沮丧。在之后的备课教学中，我也时刻提醒自己，要抓住重点，研究教材，认真思考。

四、名师共探教学，感受大家风采

此外，工作室开展了多场与"名师大家共探教学"的活动，这些名师有来自北京的牛献礼老师、华应龙老师、刘延革老师，来自江浙地区的刘松老师、贲友林老师、张齐华老师，还有广西师范学院汤建芬教授等名师教育大家。他们是我原本只在书中或者视频中才能见到的大师，如今在工作室的安排下，我能近距离聆听他们的讲座，领略大师的风采。我印象最深刻的是牛献礼老师的讲座"以深度教学促进学生深度学习的发生"。牛老师通过"除数是一位数的除法"这一教学案例，让我们意识到算理课的教学不能把计算的模型操作简单地等同于理解算理，对算理的理解应该建立在模型中为什么这么操作、操作中每一步可以解释算式中哪一步之上。这些活动让我意识到，作为教师需要不断学习，不断阅读、积累，不断对教学进行反思、改进，要做到学生学得开心，自己教得舒心。

在工作室中，我有了更多的学习培训机会，得到了几乎"一对一"的指导，感受数学教育大师的风采，在学习中不断更新理念，改进自己的教学，提升自己的能力。在工作室杨老师、彭老师的指导下，我亦取得了一些成绩：在省级刊物上发表2篇论文，主持完成了1项区级课题，多次参加区级教学技能比赛。虽然比赛结果不尽如人意，但是经历后收获很大，明确了努力的方向。感恩能在步入工作岗位不久就进入深圳市杨松名教师工作室，它就像灯塔指引我在工作上不断改进。在今后的工作中，我会加倍把握好工作室提供的平台和学习机会，努力提升自己，在教师这个职业上获得更多收获。

感恩相遇，快乐成长

深圳市盐田区外国语小学东和分校　周晓茹

时间一晃，匆匆而逝，我加入深圳市杨松名教师工作室已经5年了。还记得刚毕业不久就有幸加入深圳市杨松名教师工作室，在这里有许多学习的榜样，让我在教师生涯的成长过程中受益良多。

一、向名师学习，指方向促成长

杨松老师是一位非常有教育智慧的老师，对于数学学科的教学见解独到且深刻。每每想起杨老师向我们传授的教学策略，都让我如醍醐灌顶。杨松老师不仅是一名优秀的数学老师，还是一名真正的教育者。在杨松老师的带领下，我们工作室的成员和学员互相听课、评课，工作室的学习氛围非常浓厚。大家从不避讳对方在教学中存在的不足，更是集中智慧帮忙提出了许多改善的建议。在这样一个真实、友好的集体里，我的教学能力得到了快速的提升。

这5年，我不仅在杨松老师身上学习到了数学专业上的知识，收获更多的是杨老师的人格魅力。在杨松老师这里，我感受到了什么叫毫无保留，正是因为杨松老师这样无私奉献的大爱，才能让我在教师这条道路上快速成长，同时把这份爱回馈到学生身上。"爱数学，爱教育，爱学生"是我在杨松老师身上学到的可贵品质。在杨松老师言传身教的熏陶下，我渐渐懂得了如何真正做好教育、关爱学生。

二、向工作室成员学习，提升教学能力

我们的工作室，除了有杨松老师这样一位德才兼备的领导者外，还有一批积极进取、奋发向上的成员和学员，他们也是我学习的榜样。我们的工作室是一个乐于学习、团结友爱的大家庭，大家在深圳市杨松名教师工作室这个大家庭里一起学习，一起成长。

工作室开展"师徒同台献课"活动。课前，师傅们总是毫无保留地指导我们如何抓住课程的重难点、如何做好教学预设等。课后评课时，学员们总是知无不言，言无不尽。在这样一个努力上进的集体里，我积极听取大家的意见，努力改善自己在教学上的短板，提升教学能力。工作室成员互相学习，不断进步，从大家身上我感受到了那份对教育的热情、执着和认真。

三、向各地名师学习，提高综合素养

除了日常的听课、评课外，杨松老师为了工作室成员的成长，更是多次组织教研活动。如邀请各地名师来授课，邀请高校教授开展讲座，实地参观向名校学习，等等。在这些活动中，我不仅在理论层面得到了提高，更为以后的专业发展奠定了基础。同时结合课堂实践和名校实地考察等活动，我在数学教学上不断增强自身的业务能力。深圳市杨松名教师工作室为我们提供了机会和平台，更大程度上激发了每一位成员和学员的潜力。

工作室的学习让我终生难忘！这里有一位德艺双馨的好榜样，有一群志同道合的优秀教师。我们一起学习，一起讨论，碰撞出思维的火花。工作室的活动总会给我以新的启发、新的思考，让我在成长的道路上有方向，不孤单。感谢深圳市杨松名教师工作室这个平台，让我拥有一片学习的沃土！感谢杨松老师不辞辛苦的教诲，让我真正明白一名人民教师肩上的责任！

名教师工作室成长感悟

深圳市盐田区外国语小学东和分校　梁怡娟

能够加入深圳市杨松名教师工作室学习，于我而言是一件非常幸福的事情。回顾在工作室的学习，我深刻感受到各位名师和工作室伙伴对教育的热爱、对数学的深刻理解、对魅力课堂孜孜不倦的追求。3年的学习让我既有观念上的更新，也有知识上的沉淀以及教学技能的提升。

一、观摩名师课堂，更新观念

工作室的学习活动立足于课堂，邀请全国各地的数学名师进行授课，每次的观摩学习都收获满满。首先，折服于每位名师对学生真诚的关爱、对数学教学的热爱、对课堂教学孜孜不倦的钻研精神。作为一名青年教师，我们的教学生涯才刚刚起步，需要静下心、沉住气，像各位名师一样永葆一颗赤诚的心，敬畏教学，不断思考，锻炼自己。另外，每位名师都有独特的上课风格：华应龙老师的化错教学，贲友林老师以学生为中心的理念，蔡宏圣老师让数学史走进数学课堂……名师的上课风格并不是轻易就能学会的，但他们课前充分准备的态度，对某个具体知识点的理解，简洁准确的课堂语言的使用等，都是值得我们借鉴积累的。

二、静心阅读书籍，积淀知识

杨松老师经常强调阅读的重要性。首先，我们应该广泛地阅读好书。要研读教材教参，把握教学的重难点；要阅读数学专著，加深对数学的理解；要阅读数学杂志，在思想碰撞中开阔自己的视野，更新观念。其次，我们应该做到深阅读。带着问题去阅读，边阅读边思考，当自己与别人的观念发生碰撞，才能产生顿悟，从而提升认识，并且应当及时地把这些认识记录下来。最后，我们应当坚持阅读。"腹有诗书气自华"，只有坚持不懈地阅读，才能真正提升自己的数学理解，从而增加课堂魅力。

三、重视课堂实践，提升技能

名教师工作室的学习培训注重提升学员的常规课堂教学能力。杨松老师、晏长春老师等名师带领着工作室成员到学校听学员的常规课并进行细致的指导。在备课和反复磨课的过程中，名师毫无保留的指导、同人们的真诚评点成了我宝贵的精神财富。虽然我的课堂还存在着不足，但也让我看到了努力的方向，激发了自己不断前进的斗志。

总而言之，在深圳市杨松名教师工作室学习的过程中，我们不仅仅学到了数学教学的专业知识，更从名师身上感受到了人格魅力。在学科上、做人做事方面，杨松老师和工作室伙伴用自己的言行让我明晰优秀教师应具备的涵养。我会更加积极地参与到工作室未来的活动中，让自己更快地成长起来。感谢名教师工作室的平台！感谢杨松老师等名师不辞辛苦的付出！

干货满满，收获满满

——深圳市杨松名教师工作室学员成长感悟

深圳市盐田区盐港小学　熊文亮

时间在繁忙而有序的生活中悄然而过。4年前，在数学教学中迷茫的我，带着"学习经验，提升自我"的初心，有幸加入了深圳市杨松名教师工作室。回顾在工作室的学习和生活，我深深地感受到了杨松老师的人格魅力，热心教育的胸怀，热爱生活、倾心教育的情怀；感受到了工作室各位老师孜孜以求、勤于实践、勇于探究、勇往直前、勇于担当的精神，同时这个集体也给我带来了无限的欢乐与满满收获。

有的人在小时候被问到"你以后长大了要做什么"时，会说科学家、医生、演员等，但是我从小到大的回答只有一个，那便是教师。我向往着这份职业，因为这世间只有这份职业是为了改变人的思想，是为了帮助一个人更好存活于世而存在的。因为这份理想，我带着幸福的心情，满怀着对未来的憧憬走上了三尺讲台。

但是一切并不是那么美好，面对教学中的诸多困惑，学生的调皮，家长的不理解，我顿觉手足无措。当我跟随许许多多的前辈不断摸索学习，跌跌撞撞勉强完成一个个传道授业的任务，成为一名可以独立从事教育教学工作的教师的时候，我发现自己走入了瓶颈。没有创新的课堂，我的学生开始失去对数学的兴趣。没有对教学理论的研究，我感觉我的课堂以及我所讲的知识流于表面。这时幸运之神又一次眷顾了我，2016年在我的教师生涯中注定留下浓墨重彩的一笔，因为我有幸成为深圳市杨松名教师工作室的成员，杨松老师给了我再一次学习的机会，让我去研究、去探索，尽快走出瓶颈，成为一名合格的数学教师。

当每一次人们问我"你们工作室都干什么呀"时，我会告诉他们，我们在学习。我们通过各类活动来学古今中外先进的教育教学理论，通过课题研究来锻炼成员的教科研能力，通过上课评课来练就扎实的基本功，通过教育教学讲座来海纳百川从而达到博闻广识，通过外出学习接受一切最前沿、最科学的教育教学方法。总之，一切有助于我们成员教育教学能力提升的事情，工作室都会安排和指导我们去学习。4年内，工作室的每一个成员都收获满满。感谢工作室对我们的要求，对我们的督促！如果不是加入工作室，不是有杨松老师这样一位杰出的领路人，我可能已经忘记了一名教师站上讲台时，不单单是教授课本，更应该是知识的泉眼。教师只有不断学习、不断研究，才能让自己的课堂永远流淌新鲜甘甜的泉水！

有人问我："加入工作室累吗？"我会坚定地回答："不累！"因为我们学到的东西都是实实在在的，是能真正提升教学的干货！没有爱上这份事业的人，体会不到工作室的所有成员为了成就一堂精彩的课而连续奋战的日日夜夜以及成功后的喜悦。因为我们爱，所以我们是幸福的，我们是快乐的！

深圳市杨松名教师工作室承载着我们的梦想，承载着我们作为小学数学教师的使命感和责任感，我为自己的职业生涯中能有这样一段经历而感到无比自豪。未来要走的路还十分曲折，我们定当不忘初心，奋力向前！未来只希望自己能静下心，不浮躁、不娇气，跟随着杨老师的脚步，坚定踏实地去学习、去工作，去做更好的自己！我们绝不会辜负当初杨老师对我们的选择和教诲，不让帮助过我们、支持过我们的人失望！让我们一起加油！

沉醉不知归路

——记深圳市杨松名教师工作室感悟

深圳市盐田区梅沙未来学校　何　惠

2015年，一次偶然的机会"误"入深圳市杨松名教师工作室，一次次别样的学习活动自此拉开序幕。回顾这几年在工作室的学习，我感受到了名师们深厚的专业底蕴、独特的魅力，伙伴们热心好学、勇于探究的精神，集体的团结合作、积极向上、真诚智慧。工作室的成立，为我们提供了一个非常好的学习交流平台，工作室精心组织的线下活动和疫情期间组织的线上活动，师徒结对、理论学习培训、与名师大家共探教学、师徒同台献课、外出交流等一个接一个的活动，让我的教育教学方式发生了潜移默化的改变。既有观念上的洗礼，也有理论上的提高；既有知识上的积淀，也有教学技艺的增长。我在数学教学的专业上收获良多。

一、师徒结对专业引领

工作室成立之后，在杨松老师的引领下举行了开班仪式，进行了团队建设，开展了核心成员和学员之间师徒结队的活动。不仅是成员与成员，还有成员与学员、学员与学员之间彼此很快熟悉，大家一见如故，共同学习，有了非常多的交流机会。我们不仅收获了知识，也收获了友谊。

开班不久，杨松老师对我们进行了专业的培训，用自己的经历现身说法，娓娓道来。他扎实的专业功底、全新的视野与教育观、在教育路上孜孜不倦的追求都深深影响了我们。他对工作学习的认真执着、对人的热情诚恳，无一不让我们佩服。他鼓励我们多读书，让我们认识到阅读才能更智慧，才能在课堂上游刃有余。

二、师徒同台共探教改

以他人为镜，能反思自己课堂教学的不足。工作室会定期开展"师徒同台献课"活动。在此活动中，不论是成员还是学员，都精心准备每一堂课，没有上课的老师也一起参与讨论并认真观摩。我们来自不同的学校，在此活动中我们经常一起学习、一起研究，交流感想，共同提高。通过备课、听课、评课交流想法，寻找出自身的问题，探究更好的教学方法。评课环节各抒己见、畅所欲言。让我们能聆听他人的想法，博采众长。这样的环境，不仅让我们碰撞出智慧的火花，而且使人胸怀高远，身心舒畅。工作室的活动因为有了心与心的对话、交流，有了这份相约而变得让人期待。我感觉到只有勤奋刻苦，方能不辜负同伴和自己的教育理想。

三、引进来，走出去

为了给我们创造学习机会，提高我们的教育教学理论水平，工作室先后邀请了汤建芬等师范院校的教授来深圳为我们讲课，并多次邀请全国著名特级教师牛献礼、华应龙、刘松等以及名家大师团队展示课堂新样态，互相研讨，共探教改新趋势。不仅如此，杨松老师还带领我们前往外地，和当地知名的名教师工作室成员一起开展课堂教学研讨活动，在学习中，我们接触到的名家大师都博学多才，教学经验丰富，对教育教学有着深刻的见解。名师们睿智的语言、独到的教材解读、巧妙的教学设计、大雪无痕的教学艺术无不深深地震撼着我。他们毫无保留地对我们进行指导、演示，给了我新的思想、新的启发，为我的教学注入了新的活力。

汤建芬教授从"我们如何写一篇好的教案"开始，并就"如何开展小组讨论"进行了非常系统和详细的指导，还让我们开展小组活动，小组成员进行讨论交流，展示教案、说课、上课等。由教授点评、指导、改进，这样让我们对教材进行合理的分析和解读，把握好教材，灵活并创造性地运用教材，对提高我们的教学分析能力有着非常重要的帮助。名家大师们一次次的授课和讲座引导我们认识小学数学课堂教学新常态，审视未来教育新风向，并能将新媒体、新技术、新理论引入常态教学，告诉我们在传授数学知识的同时一定要重视数学思想方法的渗透，着眼于学生的终身发展。

工作室坚持"扎实教研，以课说话"，坚持"以课会友"，活动丰富多彩，师徒结对、师徒同台、课题培训、外出交流学习……每一次活动都让我历经一次洗礼，每一次活动都给了我新的思想，让我的专业素养得以迅速提升。在这个温馨、团结、充满学术氛围的团队中，能时时感受到热切的学习氛围、学习思辨的快乐。工作室的成员和学员都各有特色，每一位教师都有许多值得学习的地方，每一次活动、每一次探讨，总能感受到伙伴们的思维闪耀着智慧火花，分享学习成果让我视野更开阔，思想得以升华。

书山有路勤为径，学海无涯"乐"作舟。教学是无止境的，成功是需要付出辛勤劳动的。有机会参加工作室我的幸运，我将继续以名师为榜样，做学习型教师，在自己的专业发展道路上不断探索、不断实践，努力实现对自己的超越，使自己的工作更扎实、更有效、更完善、更优秀。

深圳市杨松名教师工作室促我成长

深圳市盐田区盐港小学　王惠文

　　一直都觉得自己很幸运，2015年从大学校门走出，开始参与盐田教育工作，我很幸运地加入了深圳市杨松名教师工作室，感谢杨松老师及各位前辈的关心和帮助，这5年来我在这个超有爱的大家庭里真是受益良多。

　　在深圳市杨松名教师工作室里，我观摩了无数次的课堂教学，并聆听评课，让我印象最深的就是杨松老师的那句话："作为老师，一定要研读教材，你可以教得不好，但是绝对不能犯知识性的错误，这是我的底线"。作为初出茅庐的我，更是需要记住这一点。一次教研课，上的北师大版四年级下册第2单元"图形分类"，评课老师就点评道："在分类中类似'直边图形，曲边图形'没有严格定义的数学名词不能板书出来，避免出现知识性错误。"这次点评让我印象深刻，从那时开始，我就严格要求自己，一定要吃透教材，研读后才能去上课。作为教师，如果教给学生的知识都是错误的，那真的很不称职。

　　在杨松老师的教学观念里，课前的"预设"也是非常重要的。印象很深的是，杨松老师说过：从他踏上教师这一岗位起，每一次上课前，他都会像放电影一样把一节课的环节在脑海里过一遍，包括学生所有可能回答的情况都会预设一种答案。是的，如果上一节课，学生的某种回答没有预设好，或者你不知道对策，特别是学生本来是对的却被你否定了，场面就有点尴尬了。一次学校公开课，我上六年级的"比赛场次"，"六年级六个班每两个班之间进行一场足球比赛，六年级一共进行了多少场比赛？"上课前我对这个问题的预设只有从"列表法""画图法"中找规律得出的列算式"1+2+3+4+5=15场"，而没有预设出"$5 \times 6 \div 2=15$场"。幸好上课前与同年级的老师一起研讨，加入了这种预设。果不其然，上公开课时第一个学生给出的还真是"$5 \times 6 \div 2=15$场"这一算式。真是幸运，要是没有这种预设，我可能就否定了这个正确的答案，这种错是不可原谅的！

当然，要想预设出所有学生回答的情况，对于年轻教师还真的有点困难，这就需要我们多阅读、多积累。现代社会，科技越来越发达，文化不断更新，如果我们跟不上时代的步伐，也许有时学生的问题我们还真反应不过来。一次，深圳市杨松名教师工作室邀请著名特级教师华应龙做了"会读书才能教好书"的专题讲座，让老师们感受到一节精彩的课例是建立在大量的阅读之上的。

趁热打铁，2020年暑假我开始用闲暇的时间阅读，写写读书札记。

我读完了罗恩·克拉克的《优秀是教出来的》，克拉克抓住了教育生涯中容易被忽略的55个细节，既对学生加以严格管教，又不失用爱心赢得了学生的尊敬与爱戴。克拉克不仅关注孩子的学习成绩，更注重培养学生的良好习惯和教养。

下面来谈谈我收获最大的几个细节。

"眼神沟通很重要""全神贯注来读书"这两条班规都重点强调无论我们做什么事情，尤其是在教室上课要专心致志，不走神，这也是我在5年的教学生涯中坚持的。平时在讲课的时候，我尽可能地确保学生的眼睛都一直盯着我或者黑板，有时候看见学生脸上的表情，就能知道他是听懂了还是在走神。给他们一个随时要提问或发言的压力，答不上来或者回答跑题了，他们会不好意思，这样的刺激能确保学生始终跟着我的思路走。

"遇到难题找老师"这一班规也是我近3年来坚持的。当然，不是遇到什么问题都找老师，要与学生约定，如"今天的作业是什么"这样的问题是不允许的，所谓合适的问题，如"老师，××题不太明白，您能给我点拨一下吗？"因为我跟克拉克先生的想法一样，一节数学课下来，要想所有学生都明白那是不现实的。所以我鼓励他们要是课堂上有问题不懂，又不好意思问，可以放学后找我私聊，这是一个帮助他们的好机会。我也鼓励他们："你们把每天的作业完成后，可以拍图发给我。"虽然我不能保证每天给他们批改，但是只要有时间，我都会尽可能地做到，这对学困生的辅导特别有效。

　　总之，真的很感谢深圳市杨松名教师工作室这个平台，每次的听评课都让我感悟很深，也让我领悟到终身学习的重要性。感恩有你，教育之路，我会一直努力做到更好！

工作室成长感悟

深圳市盐田区盐港小学 叶翠华

进入深圳市杨松名教师工作室已有5年了，回望这5年，收获颇多，进步飞跃。一次又一次的教研活动，让我明白了教师仔细研读教材的重要性，也让我学会三个尊重：尊重教材、尊重知识形成规律、尊重学生认知规律，更让我懂得课前预设的必要性。

作为一名小学教师，让学生养成科学、良好的学习习惯具有至关重要的作用。其中，听和讲这两方面在40分钟的课堂上显得尤为重要。教师应在教学过程中有意给予学生科学的训练，使他们能在课堂上高效地学习。

教师应训练学生听其他同学发言时要有意识地去记录关键词；听的过程中要在头脑中辩证地思考，在相同思想的基础上迸发出新的想法；听时可以与发言人互相交流，或者和同伴相互探讨。

教师要致力于营造友善、尊重、赏识他人的班级氛围。在学生发言时，教师要让其他学生认真聆听，在发言结束后，给予发言人掌声，激励学生敢讲、敢表现自己，增强学生的自信心，让他们成为课堂的主人。

一节好课应该成为学生自我展现的舞台，这就要求学生要善于"讲"。因此，学生提炼数学概念或总结结论时，教师要引导学生找出关键词，同时由于数学学科的高度严谨性，因此，要求学生要表达清楚、有条理、准确。最值得注意的是，学生在发言时不能重复别人的观点。

教师要给予学生表达的机会与时间。例如，在概念课上，让学生用自己的语言来描述数学概念，学生一开始可能会表达得不清楚、语言不够精练，这时可以多让几个学生进行补充与修改，直至得出概念为止。此后，再让其他学生复述，同桌之间相互说，以达到理想强化量。

课堂的活动有五种形式：听、看、讲、想、做。动静转换贯穿在这五个方面。在课堂上，当课堂只有一种形式（例如看）时，学生掌握的知识只有10%；当课堂有两种形式（例如讲和听）时，学生掌握的知识只有30%；当课堂有三种形式（例如讲、听、看）时，学生掌握的知识只有50%；当课堂有四种形式（例如讲、听、看、想）以及动静转换时，学生掌握的知识有70%；当课堂有五种形式（例如讲、听、看、想、做）以及动静转换时，学生掌握的知识能达到90%。

学生专注的时间有限，尤其是小学生，连续专注时间只有七八分钟，一旦超过这个时间，学生听课的效率就会降低。因此，教师应该在课堂教学中做好动静转换，教师讲与学生做相互转换，静态的"听"和"想"与动态的"做"和"讲"相互转换，这样，学生的听课效率才能保持在高水平。

新课标指出，教师的角色是组织者、引导者和合作者，在这5年的工作室学习期间，我在实践中领悟到教师角色的本质含义。"授人以鱼，不如授人以渔"，让学生真正把课堂当作成长的乐园，在其中挖掘自身的潜能，实现自己应有的发展吧！

下　篇

教学案例

"用'数对'确定位置"课堂实录整理

深圳市盐田区教育科学研究院 杨 松

【教学素材】

义务教育课程标准教科书四年级上册（北师大版）第80—81页。

【教学目标】

（1）能在具体的情境中，探索确定位置的方法，说出某一物体的位置。

（2）能在方格纸上用"数对"确定位置。

（3）结合生活实际，培养学生的方向感和空间观念。

【教学重点】

能按照从左往右、从前往后的顺序，用"数对"确定位置。

【教具准备】

课件。

【学具准备】

编号纸片，方格纸，练习纸。

【设计理念】

既尊重教材，又超越教材；既自主探究，又适当讲授；既面向全体，又因材施教；既夯实基础，又培养能力；既关注课内，又适当延伸。

【设计初衷】

关于"概念教学"，属于数论的基础知识。概念教学的关键是让学生了解概念的内涵和外延。概念形成的关键是让学生在已有知识基础和生活经验之上寻找概念的生长点。那么，如何在新课程教学中有效地进行概念教学，帮助学生了解概念的由来，理解概念的本质特征，结合概念教学培养学生归纳和概括能力，让学生在生活中或数学知识应用中内化概念呢？

如果将学生的数学素质看作一个坐标系，那么数学知识、技能就好比横轴上的因素，而数学思想方法就是纵轴上的内容。淡化或忽视数学思想方法的教学，不仅不利于学生从纵横两个维度上把握数学学科的基本结构，也必将影响其能力的发展和数学素质的提高。因此，向学生渗透一些基本的数学思想方法，是数学教学改革的新视角，是进行数学素质教育的突破口。概念教学正是向学生灌输一些基本的数学思想的有效载体。

【教学过程】

（一）课前活动

用"一"开头的量词介绍老师的外貌特征，如一对耳朵、一双眼睛……渗透"对"的概念。

师：同学们，我们今天是第一次见面，我想了解一下，大家对杨老师的第一印象怎么样？

生1：老师长得很帅。

生2：杨老师很幽默、很亲切。

生3：老师的眼睛会说话。

…… ……

师：谢谢同学们，看来我长得还算对得起人。那谁能用以"一"开头的量词给大家描述一下老师的长相，如我有一张漂亮的嘴巴……

生1：杨老师有一个大大的鼻子。（老师故作惊讶：啊！我鼻子很大吗）

生2：杨老师有一对黑黑的眼睛。

…… ……

师：刚才这位同学用了一个词，老师很喜欢，"一对"在生活中其实就是……

生齐答：两个！

师：对了！生活中我们常说的"对"，其实指的就是两个。这个生活经验我们要好好记住，说不准一会儿上课能用到，好吗？

生：好！

（二）新课部分

1. 写、画位置，感知描述位置的多种方式及其不便性，引出"数对"

（1）感受数对产生的必要性。

师：上课之前，大家通过游戏和提问已经初步认识了杨老师。现在，我也想认识一下大家，那你们能不能不用嘴巴说，只在纸上写一写或者画一画，就能让老师根据你写画的内容知道你叫什么名字，坐在什么位置？时间30秒。请拿出1号纸片。准备好了吗？开始！

（课件倒计时）

（学生急急忙忙地写，时间到了，还有几个学生特别认真地在写）

师：时间到。停！请写好的举手！

师笑道：有些同学为了让老师不费力地找到他，用了非常多的文字，结果在规定的时间还没有写完，老师非常感谢这些同学。但时间到了，没关系，我们先停下好吗？现在，请每组最后座位上的同学帮老师将纸卡收上来。下面，我随意抽取几位同学写的，看能不能从他们纸片的信息里准确找到他。

投影展示：

生1：我坐在讲台的对面。（师随意找一个讲台对面的同学，你叫……）

生2：我坐在第四组第三个。（师有意设置左、右陷阱，如找左，右有意见；找右，左有意见）

生3：35。（先给予肯定：这种方式好像很简单，不过，清楚吗）

生4：我坐在从教室门左边数起的第一组的第三个。

师：你们觉得这几位同学的描述怎么样？

生：我觉得前面四个同学的描述都不是很清楚，根本不能确定他是谁；最后一个同学的描述勉强清楚（全场大笑），但字有点多，太麻烦了。

师根据回答板书：不清楚、麻烦。

追问：有什么办法让它既清楚又快捷呢？

生：统一标准！

（2）引出课题。

师：学习数学就是为了更好地寻求简便、快捷的方式来解决问题，我们刚才用的这些方法看来都达不到这个目的。要解决这些问题，数学中有个好办法，那就是用"数对"确定位置。（板书课题：用"数对"确定位置）

2.质疑解难，发现数对的特征

（1）数对特征的理解。

①感知"一对数"。

师指板书：数对，多么新鲜的名字呀，光从字面上看，你感觉"数对"应该具有什么特征呢？（培养数感）

生：数对就是一对数。

师：你的感觉太棒了！数对，数对，首先指的肯定就是一对数，也就是两个数。如32，这就是"一对"数。

②规定数"组"的方向。

师质疑：那用32这对数可以准确地确定位置了吗？

（有学生说可以，有学生说不可以）

师走到右数第三组第二个同学处问：32表示的是他的位置吗？（生：是）师面露疑惑：一定是他吗？

有则问为什么，没有则直接走到左数第三组第二个问：32表示他的位置可以吗？

追问：同样的一对数，怎么可以同时表示两个位置呢？这不乱套了吗？这可怎么办哪？

生顿悟：规定哪里是第一组。

师：对了！这个想法和数学家的想法很接近了。看来，要用一对数来确定位置，一定要先有个规定才行。在数学当中，横着数时，一般习惯从观察者的左边开始数起，现在老师是观察者，那就从老师的左边开始数起，这是第一组、这是第二组、这是第三组……大家注意，我们现在数的组和我们平时说的一大组有点不一样，发现了吗？确定位置时，为了更清楚，我们都是像这样竖着排。明白了吗？

那请第四组的同学站起来向大家挥挥手。请第五组的同学对着第二组的同学做个鬼脸。请第六组的同学和第七组的同学互相击掌。请第八组的同学朝第一组的同学说声"hello"。

③规定数"个"的顺序。

追问：那第几个需要规定吗？

对了！竖着数时，一般习惯从前往后数，这是第一个、这是第二个……现在明白了吗？（生：明白）

④规定"第几组、第几个"。

师再质疑：那我再找找看，32是你吗？（生高呼：不对）

师：第二组第三个呀，怎么不对了？

生：应该是第三组第二个，是×××。

师：同意吗？也就是说，用两个数来确定位置时，还得规定这两个数谁表示第几组，谁表示第几个。数学中，我们习惯用第一个数表示第几组，第二个数表示第几个，（老师顺势在32下面板书：第几组第几个）现在真明白了吗？

师：哦，又明白了。那现在谁能完整地告诉我32表示什么意思？（第三组第二个同学）

师：太棒了！32这对数表示的就是我们班第三组第二个同学的位置，是谁？请挥挥手我看看。叫什么名字？（生：杜×玥）杜×玥同学的这个位置刚好也是数学书上小青的位置，现在请大家用刚才理解的知识去阅读数学书第80页的内容，看看我们用来确定杜×玥位置的这对数和书上确定小青位置的那对数在写法上是否完全一样？

（2）回归书本，整理思路，内化知识。

在轻缓、恬静的音乐《初雪》中，学生静静看书1分钟，整理思路，内化知识。

（3）对比完善，教学数对写法、读法。

师：看完了吗？能看懂吗？那我们用来确定位置的这对数和书上说的那对

数写法上完全一样吗?

生:不一样!(指名说出不同之处)

师引导得出:看来,我们用来确定位置的这对数要想成为一个完整的数对,除了有必要的规定外(手指"第几组、第几个"),还必须有固定的格式。由于两个数合在一起才能确定一个位置,所以我们必须用括号将这两个数括起来。而这两个数表示的意义各不相同,所以中间必须用逗号隔开。这样才构成一个完整的数对。

板书写法:(3,2)清楚了吗?那会读这个数对吗?

教学读法:(3,2)读作:三二(学生齐读两遍)。

(4)体验用数对确定位置的快捷性。

① 10秒时间用数对表示自己的位置。

师:现在明白什么是数对了吗?那你们能不能用数对的方法,只用10秒,在2号纸片上写出你的位置?开始!(课件显示)

(师提示:同学们先看清楚自己是第几组第几个,别写错了)

② 同桌说数对表示的意思。

师:哇!这么快呀!这一次感觉如何?

生:太快了!太爽了!(全场大笑)

师:那和你旁边的同学说一说,你记录下来的数对表示什么意思?(生说,师巡视)

师小结:通过刚才的重新记录,我们感受到:一方面数对可以简洁、快速地帮助我们确定位置(板书:简洁、快速);另一方面只要我们教室里的桌椅横竖是摆放整齐的,总有一个数对和我们每个同学的位置一一对应。由此可见,数对可真够奇妙的,那它是谁发明的呢?我们一起来了解一下。

3. 介绍笛卡儿发现数对的故事

(课件演示)

4. 在游戏中剖析数对特例,加深对数对的理解

(1)用数对表示班上同学的位置。

① 帮同学找朋友(点课件)。

师:刚才我们一起认识了数对,下面我们轻松一下,来玩一个"找朋友"

的游戏：请你先想一想，在班上你最好的朋友是谁？然后在3号纸片上先写出他的姓名，再用数对把他的位置写出来，我们一起帮你找朋友。

（指名说朋友数对，师生共同帮忙找朋友）

生1：我最好的朋友是朱×，她的位置用数对表示是（4，2）。

（师生帮忙找到朱×，师：恭喜）

生2：我最好的朋友是刘×铭，她的位置用数对表示是（3，4）。

（师找到刘×铭，看刘×铭的好朋友不是刚才这位同学。调侃活跃气氛：哎呀，你最好的朋友是刘×铭，而刘×铭写自己最好的朋友却是黄×青，你们仨的关系太复杂，下课自己好好整理一下吧）

看找朋友的学生有些尴尬，师：老师和你开了个玩笑，别介意。

师：最后再找一名，谁敢确定你写的好朋友是他，他写的好朋友也是你的，自告奋勇站起来，我们来帮你找朋友。

（一生站起来，师生找到朋友后，果然对方写的也是他）师鼓励：这是一对真正的好朋友！我们掌声祝福他们的友谊地久天长。

② 帮老师找朋友（点课件）。

师：同学们在刚才的游戏中都找到了自己的好朋友，老师也想和大家交朋友，不过我想结交的这几个好朋友的位置比较特殊，大家能帮我找到他们吗？

朋友一：（3，5）（5，3）（电脑出示）

师：找之前，我们先仔细观察这两个数对，你有什么发现？

学生汇报：都有3和5，只是位置颠倒了。

师：哦，那我的好朋友是哪两个？请站起来和我打个招呼。

师：咦！奇怪了！这两个数对，都有3和5，为什么两个同学一个同学在这儿，一个同学在那儿？怎么回事？

生：（3，5）表示第三组第五个，而（5，3）表示第五组第三个，是个位不同的同学。

师小结：由此看来，前面的数表示第几组，后面的数表示第几个，数对中的两个数的位置一般来说，能颠倒吗？（不能）

朋友二：（3，3）（电脑出示）

师：接下来我的这个好朋友是（3，3）。

师：这个数对有什么特点？这两个3表示的意义一样吗？分别表示什么？

小结：虽然前后两个数字都是3，但是它们表示的意义是不一样的：前面的数表示第三组，后面的数表示第三个。我的这个好朋友是谁？向我示意一下。

朋友三：（5，__）（__，3）（电脑分批出示）

师：还想和老师做朋友吗？我的第四位好朋友是：（5，__），猜猜他可能是谁？

生：第五组的全部同学都有可能！

追问：为什么？

生：因为第一个数表示第五组，第二个数表示第几个，但第二个数没有，所以全部都有可能。

师：你太棒了！也就是说，前面的数字是5只能确定什么？（第五组）那我的好朋友可能是哪些同学，请站起来我看看。

只用"5"这一个数字，我能确定具体是他们中的哪一个同学吗？（不能）

那我接下来的朋友大家应该知道是谁了，［点击课件出现数对（__，3）］自己站起来我看看。

生：第三排的全部同学！

师：对了！凡是位置处于第三个的同学，都有可能是我的朋友。

同样，只用"3"这一个数字，我能确定具体是哪一个同学吗？（不能）

那由这两个不完整的数对所代表的位置，我们可以得出一个什么结论？

引导得出：在班上，要确定一个同学的位置，需要用两个数字。（点课件）

（2）用数对表示情境图中的位置。

师：看来用数对表示教室里同学的位置已经难不倒大家了，现在老师想回到书上的情境图中去考考大家。敢迎接挑战吗？（敢）（课件出示情境图）

① 师介绍情境图中如何规定"第几列、第几行"。

师讲解：看图时我们同样以观察者为标准。从左往右分别是第一列、第二列……从前往后分别是第一排、第二排……（点击课件配合演示）

② 讲解在情境图中如何找位置。

刚才提到的小青的位置（3，2）既可以说表示第三组第二个，也可以说表示第三列第二行。

那小敏的位置应该用哪个数对表示？（2，3）谁给大家说说你是怎么找到这个数对的？（点击课件配合演示）表示什么？

小结：也就是说，我们在情境图上用数对表示位置时，为避免出错，一般先看什么——列，再看什么——行。然后只要找出"列"与"行"的交叉点，就是我们要找的位置了。（完善板书：列、行）

③用数对表示方格纸上的位置。

师：现在同学们已经能比较熟练地用数对表示位置了，如果把每一个同学看作一个点，用竖线和横线将列与行连接起来，就形成了一个方格图，这个方格图到了中学还有个好听的名字，叫"坐标系"。在方格图中（课件演示），起点是0，先横着标出1、2、3、4、5、6代表列，再竖着标出1、2、3、4、5、6代表行。

师：谁能用数对表示小青班这条对角线上所有同学的位置？（课件出示）

全班在方格纸上标数对。

［写完后，指名一生报数对，老师点击课件出示：（1，1）（2，2）（3，3）……］

同意吗？（同意）

5. 巩固练习

师：刚才我们一起通过多种方式全面认识了数对，接下来就是你们运用本课知识大显身手的时候了！一起来看。

（1）根据位置说数对。（第80页第1题）

师：（出示小青学校附近的平面图）请你用数对说一说各个地点的位置。

银行（1，1），邮局（1，2），图书馆（2，3），商店（4，1），公园（4，3）。

（2）根据数对标位置。（第80页第2题）

师：在小青学校旁边还有一个游乐场。

请你当一回建筑师，根据数对，在图中把各景点位置标出来。（课件出示图）

海洋世界（2，3），溜冰场（1，5），骑马场（6，4），儿童乐园（5，1）。

学生独立完成，教师巡视。

师：大门的位置能用数对表示吗？〔（0，0）〕对了！（0，0）这个数对比较特殊，到了中学我们再深入研究它。

（3）空间想象拓展：猜字谜。

准确地将这七个数对所表示的字连起来，你将会得到一份惊喜！（1，4）（2，1）（3，3）（4，2）（5，3）（6，2）（7，1）（滨海盐田欢迎您）

6. 总结全课，课外延伸

多么嘹亮的声音，多么热情的邀请！同学们，身为一名盐田人，你们利用今天学到的知识解决问题，成功地向世界发出了邀请函，盐田为你们而骄傲。其实，在生活中关于数对应用的例子还有很多，我们一起来看看。

（课件自动播放画面，师配音介绍）在介绍围棋、象棋的棋局时用到了数对，车票、电影票上的座位号用到了数对，地球仪上用经纬线确定位置也是利用了数对的原理。其实发展到今天，数对应用的范围已经涉及生活的方方面面，比如我们现在用的北斗卫星导航定位，其实也涉及了数对的知识……

由此可见，生活中处处有数对。最后，衷心希望同学们能在课后做个生活的有心人，留心去发现身边的数学问题，并用学到的知识去解决它，好吗？下课！

【板书设计】

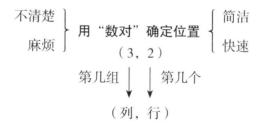

"量的计量整理和复习"教学设计

深圳市盐田区教育科学研究院　杨　松

【教学设计】

教学内容：人教版九年义务教育六年制小学数学六年级下册第124—125页，长度、面积、体积单位，重量单位及时间单位，完成练习二十八相应习题。

【教学要求】

（1）通过整理复习使学生系统掌握长度、面积、体积单位，重量单位及时间单位；对相邻两个单位之间的进率更清楚，并能在实际中应用得更准确；巩固已获得的一些计量单位的大小的表象。

（2）让学生学会分类归纳、有序整理、系统复习的学习方法，提高学习能力。

（3）培养学生质疑问难的能力。

【教学重难点】

（1）教学重点：对量的计量知识进行分类归纳、有序整理，使其知识系统化。

（2）教学难点：对量的计量知识的有序整理及各种计量单位的特殊进率。

【教学准备】

多媒体电脑及课件、实物投影仪、米尺、1立方厘米实物等。

【教学过程】

（一）课题引入

（1）自我介绍：大家好！我姓杨，来自世界第二大瀑布黄果树瀑布的故乡——贵州。

（2）以黄果树瀑布及泰山有关数据引出：我们的日常生活、生产劳动和科学研究都离不开量的计量。

（3）揭示课题：量的计量。

（二）分类整理

1）复习量与计量的有关知识。

师：现在，请同学们回忆、讨论一下，在小学阶段我们都学过哪几种量？

学生讨论，指名口答，教师板书：长度、面积、体积（容积）、重量、时间。

师：每种量都有各自的计量单位。你学过哪些常用的计量单位？

教师引导，指名口答，回答中当学生讲到米、平方厘米、立方厘米等计量单位时，让学生动手比画，加强表象。

（1）1米的长度大约有多长？

（2）1平方厘米的面积大约是多大？

（3）1立方厘米的体积大约是多大？

（4）在日常生活中，哪些物体的重量是用吨来计量的呢？

2）集体展示自己的整理方案。

师：刚才同学们回忆起了很多的计量单位。但是，如果我们把这些计量单位像刚才这样全搁在一块，会有什么感觉？（凌乱、无序，不便于记忆）非常正确。那么，我们该怎么办呢？（分类，有序、系统地进行整理）对了，如果我们把这些计量单位分类并有序地进行整理，使它们系统化，那就便于我们记忆和运用了。同学们预习的时候是不是已经按照自己的想法进行了整理呢？（是）现在，请同学们拿出自己试做的整理图，以小组为单位进行讨论，互相补充、完善，稍后选出最能代表你们组的作品上台进行展示。

3）小组成员互相交流，讨论各成员的整理方法是否有序、系统，从而取长补短，完善自己的整理方案，构建新的认知结构。

4）小组代表讲解思路。

5）教师出示、讲解、引申整理结果。

（1）出示整理结果。

师：同学们整理得都很好，也很全面，其余的作品，课后我们再一起交流。现在，看老师的整理，请看屏幕。（课件出示表1、表2、表3）

（2）讲解说明，总结规律。

① 长度：————（　　）两点之间的距离。

规律：除1千米=1000米以外，相邻两个长度单位之间的进率都是10。

② 面积：□（　　）物体的表面或围成的平面图形的大小。

规律：除1公顷=10000平方米以外，相邻两个面积单位之间的进率都是100。

③ 体积（容积）：（　　）物体所占空间的大小。

规律：相邻两个体积单位之间的进率都是1000。

④ 重量。

规律：相邻两个重量单位之间的进率都是1000。

⑤ 时间。

规律：除时、分、秒之间的进率是60以外，其余都很特殊。

（3）填写整理图，巩固、完善认知结构。

学生填写，教师巡视辅导。

（4）知识点剖析。

① 体积和容积有什么区别？

教师讲解：体积是指物体所占空间的大小。容积是指箱子、油桶、仓库等所能容纳物体的体积。

② 怎样判断某一年是闰年还是平年？

公历年份能被4整除的一般是闰年，但公历年份是整百数的，必须能被400整除才是闰年。

（三）发散思维及提出问题能力训练

（课件出示情境：奇特的生日聚会）请同学们仔细观察这个生日聚会，然后提出你觉得奇特的问题。

教师引导学生发散思维，提出见解性问题：从8根蜡烛可以看出小明8岁，可为什么只过了两次生日？他究竟是哪年出生的？

（由日历上的时间2月29日可知小明是在闰年1992年出生的，虽然他8岁，但四年才有一个闰年，所以他只过了两次生日）

（四）巩固练习

1. 教材练习二十八第1题

课件出示，小组接力形式口答。

2. 教材练习二十八第6题

课件出示，集体抢答。

3. 教材练习二十八第7题

课件出示，集体练习，手势判断。

4. 教材练习二十八第5题

课件出示，集体练习，指名说出解题思路。

（五）总结

今天，我们对量的计量进行了系统的复习和整理。现在，请同学们想一下，这些内容，你认为要特别注意些什么？

学生回答，教师板书。

（六）作业

教材练习二十八第2题。

（七）知识扩展

介绍光年和纳米，以及当今世界纳米技术的运用。引发学生对科学的向往与崇尚。

【板书设计】

量的计量

（复习课）

长度　面积　体积（容积）　重量　时间

进率：　10　　100　　1000　　　1000　　60（时、分、秒）

（1千米=1000米）（1公顷=10000平方米）（其余比较特殊）

聚焦学生核心素养培养的深度教学
——"比赛场次"教学设计

深圳市盐田区教育科学研究院　晏长春

【课题名称】

北师大版小学数学六年级上册"数学好玩"第4课时"比赛场次"。

【教学目标】

（1）结合体育中的实例，探索比赛中的搭配问题，会用列表、画图的方式寻找实际问题中蕴含的简单的规律，体会图表的简洁性和有效性。

（2）在解决问题的过程中，了解"从简单的情形开始寻找规律"这一解决问题的策略，提高解决问题的能力，培养探究能力，发展数学思维。

（3）感受数学与现实生活的密切联系，培养综合应用意识。

【教材分析】

"比赛场次"这一课的教学内容，是培养学生合情推理能力、模型思想和应用意识的重要载体。本节课是在学生建立了有序思考的习惯，会用列表、画图等方式解决问题的基础上，先利用列表、画图等方式解决简单的"比赛场次计算"的问题，再让学生明白，要解决复杂的"比赛场次计算"的问题，可以先列举出简单的情形，从简单的情形中寻找规律来解决问题，是初中学习用代数式表示数学规律的重要基础。

教科书首先呈现问题："10名同学进行乒乓球比赛，每2名同学之间要进行一场比赛。一共要比赛多少场？"学生如果直接用画图、列表的方式来解决，操作上比较麻烦。如果直接让学生寻找规律来解决，由于学生的体验、感受不够深刻，学生自己意识到要"退"回去，列举简单的情形寻找规律来解决问题就更难了。如果还要教学"联络方式"这个内容，势必导致学生体验、感受、探究、交流不够深入，学习浮于表面，不能深入落实对学生核心素养的培养。与其这样，不如将"联络方式"这个内容放到下节课，本节课集中对"比赛场次"这个内容开展深度教学，真正让"遇到复杂的问题，从简单的情形开始寻找规律解决"这一解决问题的策略在学生的脑海中扎根，发展学生的模型思想和应用意识，聚焦学生核心素养的发展。

【学情分析】

（1）从生活经验看，大多数学生有计算简单的比赛场次的经验，已有的经验足以支持学生完成任务。另外，从已有的知识储备看，参与完成任务虽涉及画图、表达、计算等综合知识，但都是简单的计算与表达。

（2）六年级学生已经基本具备了自主探究、合作学习的活动经验，初步具备了探究性学习的能力。

【教学重难点】

（1）教学重点：会用列表、画图等方式寻找实际问题中蕴含的简单规律。

（2）教学难点：发现、掌握"从简单的情形开始寻找规律"这一解决问题的策略，提高解决问题的能力，培养探究能力，发展数学思维和应用意识。

【教学理念】

学生核心素养的形成和发展，不是靠教师"教"出来的，而是靠学生"悟"出来的；不是依赖记忆与模仿，而是依赖学生参与其中的教学活动，形成理解与感悟。因此，解决问题的策略是学生在经历学习的过程中"悟"出来。而掌握解决问题的策略很重要，建立应用"策略"解决问题的意识更重要。

【教学资源开发与利用】

PPT制作夺冠历程微课，PPT演示及作品拍照，学生学习单，小组探究纸，PPT课件。

【教学过程】

（一）创设情境，提出问题

1. 创设情境，微课导入

同学们，2016年的奥运会你们还记得是在哪里举行的吗？（巴西里约热内卢）什么比赛给你留下的印象最深刻呢？

我们一起来回顾一下中国女排夺冠历程吧（PPT微课）：中国女排是我们全体中国人的骄傲，中国女排的每一场比赛，都牵动着亿万中国人的心。可是，比赛一开始就陷入被动局面，小组赛相继输给了荷兰队、塞尔维亚队、美国队，艰险获得小组最后一个出线名额晋级淘汰赛。

师：知道什么是淘汰赛吗？

（PPT出示）淘汰赛获胜：进入下一轮比赛；失败：被淘汰。

决定生死的淘汰赛开始了，遗憾的是，$\frac{1}{4}$ 决赛就遇上了夺冠大热门巅峰时期的东道主巴西队，中国队力战5局，决胜局以2分险胜惊险晋级。半决赛再次力拼下荷兰队，决赛中一鼓作气以3：1战胜塞尔维亚队，时隔12年后再次登顶奥运冠军。此处是不是应该有掌声呢？

2. 学生演示，理解单循环赛制

奥运排球比赛分小组赛和淘汰赛两个阶段，淘汰赛我们已经知道了，小组赛阶段进行的是单循环赛制。

师：听说过单循环赛制吗？谁来告诉大家？

（PPT出示）单循环赛：每2支球队之间进行一场比赛。

明白了吗？还有同学不太明白，我们请4名同学代表4支队伍，现场演示一下4支队伍怎样进行单循环比赛。

请4名同学上讲台演示。

师：你们有疑问吗？不是说要跟每个队打一场吗？（指第四个学生）他怎么不用打了？

3. 顺应情境，提出问题

师：这次奥运会，有12支女排参加比赛（PPT出示），分为A、B两个组，中国队被分在了B组，和中国队同时分在B组的还有这些国家。

师：这6支球队，每2支球队之间进行一场比赛，你们觉得可以提出一个什么问题呢？（一共要比赛多少场？）

今天，我们就来研究有关比赛场次的问题。（板书：比赛场次）

设计意图： 里约热内卢奥运会女排夺冠的历程，既能激发学生的兴趣和爱国热情，又能教育学生遇到困难不畏艰难，积极寻找解决问题的策略。而学生演示单循环赛制，是为解决数学问题排除不必要的干扰，再让学生提出要解决的问题。

（二）合作交流，分享方法

师：这个问题你们能解决吗？注意哦！找到问题的结果虽然重要，但是你们思考问题的过程和方法更重要，大家拿出学习单，用你们学过的画图、列表等方式尝试解决这个问题，把你们思考的过程和结果记录下来。

1. 自主探索，解决问题

学生独立解答，教师巡视，引导有困难的学生思考、解决问题，同时了解学生生成的资源，为下一环节的汇报交流做准备。

2. 全班交流，分享方法

让学生展示自己的解答过程和结果。学生可能有以下几种解答方法。

预设一：直接用国家名称——列举比赛

学生将自己的学习单展示在实物投影仪上，并介绍自己的解答过程。

师：大家觉得他这个方法怎么样？

其他学生可能的想法：很清楚，很有顺序，所以没有重复，也没有遗漏；国家的名字写得太多，有点麻烦。

预设二：用数字或字母代表国家名称——列举比赛

学生将自己的学习单展示在实物投影仪上，并介绍自己的解答过程。

师：大家觉得他这个方法怎么样？（方便又简洁）简洁在哪里呢？（不用写出每个国家的名称）

生可能质疑：要写清楚每个字母代表哪支球队，否则不知道谁和谁比赛。

（生回答后）师：在这个问题中，不知道是哪六个国家能算吗？

师：还有其他疑问吗？（等待一会儿）为什么只加到5呢？

预设三：用连线方式——列举比赛

学生将自己的学习单展示在实物投影仪上，并介绍自己的解答过程。

师：大家觉得他这个方法与前面用字母表示的有什么联系和区别？

（出示蜘蛛网连线）师：这名同学的方法跟前面那名同学的方法怎么样？

预设四：用表格方式——列举比赛

这种方式学生很少用，如果没有学生用，教师可以直接出示画表格的方法。

师：这种方法你能看懂吗？有的同学看懂了，这A、B、C、D、E、F表示的是6支球队，谁看明白了？

（请学生来解释。指没有打钩的空白处）师：请问这些空白的是什么意思呢？

3. 教师与学生一起梳理、总结方法

我们一起来回顾、梳理一下刚才几名同学的方法。方法一：（PPT出示）这种方法和谁的方法是一样的？A要和谁打？B还要和谁打？……一共比赛5+4+3+2+1=15（场）。

```
A、B、C、D、E、F分别表示6支球队
A—B  B—C  C—D  D—E  E—F
A—C  B—D  C—E  D—F      1
A—D  B—E  C—F      2
A—E  B—F      3
A—F      4
        5
```

方法二：（PPT出示）这种方法和谁的方法是一样的？A要和谁打？B还要和谁打？……一共比赛5+4+3+2+1=15（场）。

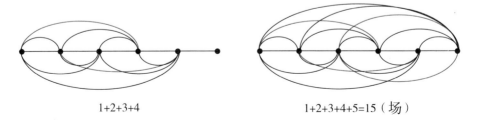

1+2+3+4   1+2+3+4+5=15（场）

方法三：（PPT出示）这种方法和谁的方法是一样的？它也是连线法，只不过是连成网状了。

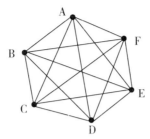

方法四：（PPT出示）这种方法和谁的方法是一样的？这种方法用到了表格形式。

	A	B	C	D	E	F
A						
B	√					
C	√	√				
D	√	√	√			
E	√	√	√	√		
F	√	√	√	√	√	

设计意图： 呈现多种解决问题的方法，既能开阔学生的思维，又能让学生在理解不同方法的过程中，加深体验、感受，让学生意识到有规律可循。教师再梳理方法，让接受能力较弱的学生都能理解、掌握解决问题的方法。

（三）知难而"退"，寻找规律

刚才，同学们一起想办法用画图、表格等方式（PPT出示），很好地解决了6支球队一共要比赛多少场的问题。看来同学们都掌握得很好。如果出一个更难的问题，大家有没有信心解决？

1. 提出问题，探索策略

假如小组（PPT出示）有25支球队参加比赛，每2支球队之间进行一场比赛，一共要进行多少场比赛呢？

师：解决这个问题，如果还用画图或列表格的方法，大家感觉怎么样？（太麻烦了）这个问题有点复杂。（板书：复杂的问题）

师：知道怎样解决的请举手。看来有些同学知道，有些同学不知道，想想看有什么更简单的办法来解决这个问题，和你的小组同学一起讨论一下。

有25支球队参加比赛，每2支球队之间进行一场比赛，一共要进行多少场比赛呢？

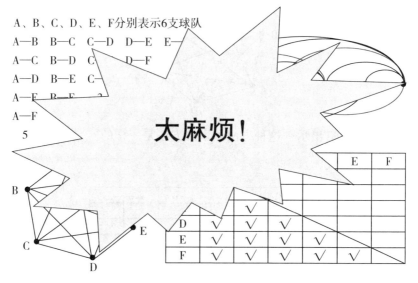

A、B、C、D、E、F分别表示6支球队

A—B B—C C—D D—E E——

A—C B—D   D—F

A—D B—E C——

A—E B—F

A—F

5

太麻烦！

1+2+3+4+5=15（场）

（教师下到小组参与讨论、指导，了解学生思考的情况）

讨论结束。师：谁来代表自己的小组说说你们的想法？

师：我听明白了！你们是说解决这个复杂的问题是有规律的。通常我们找规律，一个例子能发现规律吗？（不能）还得怎样？（可以再举一些例子）

师：比如，2支球队要比多少场？还可以举例——

师：举出一些例子后该怎么做呢？

师：好！每个小组一起，拿出探究单，先把你们举的例子记录在表格中，再仔细观察这些例子，想一想，计算（PPT出示）"一共要进行多少场比赛？"有什么规律？每个同学都来说说自己的想法，并将你们发现的规律记录在表格中。

设计意图：学生自己发现解决问题的策略有一定的难度，因此有必要在学生小组讨论、全班汇报交流的基础上，引导学生发现解决问题的策略。

2. 小组合作，寻找规律

小组合作，先用连线、列表的方法列举简单的例子，再从简单的情形中寻找规律，教师对犹豫不定、不知道选哪种方法的小组进行指导，指导有困难的小组操作、思考，总结规律。

3. 全班交流，分享成果

师：找到规律了吗？（找到了）由于时间问题，没找到的小组先停一停。我们先请这个小组来分享一下，他们是怎样找到规律的。

（1）展示画图举例寻找规律。

生：我们小组先举例：2支球队比赛1场，3支球队比赛1+2=3场，4支球队比赛1+2+3=6场，5支球队比赛1+2+3+4=10场。

介绍完毕，介绍的学生问：大家还有疑问吗？

师：都听明白了吗？还有些同学不是很明白，谁有信心，能介绍到谁都能懂这个规律？

再请一位同学上来介绍。

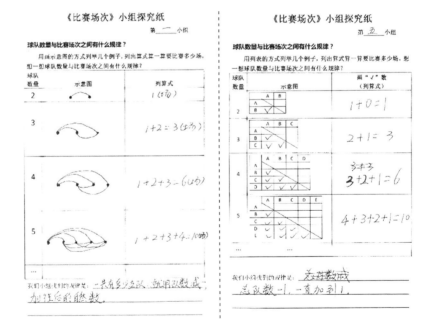

（2）展示列表举例寻找规律。

生：我们小组先举例：2支球队比赛1场，3支球队比赛2+1=3场，4支球队比赛3+2+1=6场，5支球队比赛4+3+2+1=10场。从举例中我们发现的规律是：比赛场数等于总队数减1然后一直加到1。

介绍完毕，介绍的学生问：大家还有疑问吗？

师：真没有疑问了，那我想问问大家，这个4表示什么意思呢？为什么只加到球队支数减1呢？

4. 梳理成果，总结方法

师：这一次都懂了吗？还有些同学不是很明白，这样，我们一起来梳理一下发现规律的过程。

师：第一个小组是用连线的方式来研究规律的，2支球队，这个很简单，比赛1场。增加1支球队，增加几场？再增加1支球队……

师：第二个小组是用表格的方法来研究规律的，很显然，2支球队只比赛1场。增加1支球队，增加几场？再增加1支球队……

师：根据你们找到的规律，7支球队比赛多少场怎么算？8支球队呢？10支球队呢？20支球队呢？

师：刚才有同学用一个式子表示这个规律，还记得吗？

教师板书：比赛场数=1+2+3+4+5+6+7+8+…+（球队支数–1）。

设计意图：学生的理解、接受能力是有差异的，让全体学生经历不同的方法寻找规律的过程，逐渐理解、掌握寻找规律的方法，以及解决这个问题的规律。教师再次带着学生经历发现、总结规律的过程，用完整的、规范的语言描述规律。

（四）运用规律，解决"难"题

师：运用找到的规律，我们再回过头来解决前面这个复杂的问题（板书）（PPT出示）25支球队参加比赛，每2支球队之间进行一场比赛，一共要进行多少场比赛呢？现在能解决了吗？怎样列算式？

师：一直加到多少呢？（24）还要加吗？（不加了）为什么？

在生活当中，还有很多与比赛场次类似的问题，比如这个问题：

2017赛季中国足球超级联赛有16支球队，这16支球队之间进行主、客场双循环比赛，一共要进行多少场比赛？

师：解决这个问题，你有什么困惑？（什么是主、客场双循环）

师：就是在主场打一轮循环赛，再到客场打一轮循环赛，对吗？这个问题能解决了，好！赶快动手解决吧。

师：怎么算？先算什么？就是120场吗？为什么还要乘2？

设计意图：运用规律先解决前面的"难"题，再解决生活中更进一步的"难"题。

（五）回顾总结，畅谈收获

同学们，这节课你有什么收获呢？当我们遇到复杂的问题的时候，我们可以——（找规律）怎样找规律？找到规律后呢？我国著名数学家华罗庚说过（PPT出示）：当遇到复杂的问题时，要知难而退，退到最简单的情形，在渐进中去寻找规律，最终用规律去解决问题，一切问题终将迎刃而解。

【课后作业】

在生活当中，我们还有很多与比赛场次类似的找规律解决的问题，请你找出这样一个问题，列举简单的例子找出规律，并解决这个问题。

【板书设计】

比赛场次

简单的情形寻找规律

比赛场次=1+2+3+4+5+6+7+8+…+（球队支数-1）

解决复杂的问题

【教学反思】

本节活动课是发展学生合情推理能力、模型思想和应用意识，积累学生探索规律的数学活动经验的良好载体。为深入培养学生的核心素养，我在教学中做了以下改变，收到了意想不到的效果。

（一）大胆取舍教材，合理运用教材，聚焦对学生核心素养的培养

首先，在本节课的教学中，为让学生深切感受"知难而'退'"，自发要求"从简单的情形开始寻找规律"解决问题。我将课本的"联络方式"这一内容放到下一节课来学习，集中解决学生对"知难而'退'寻找规律解决问题"这一策略的发现、掌握和应用。其次，教材呈现的问题是"10支球队需要比赛多少场",学生一开始就用以前的方法(画图、列表)来解决这么复杂的问题,存在一定的难度,会打击学生的自信心。因此,我将这一问题改为解决"6支球队需要比赛多少场",既降低了学生自主探究的难度,又让学生熟悉了用画图、列表的方法来解决这一问题,为后面的"列举简单的情形找规律"做了铺垫。在此基础上提出"25支球队需要比赛多少场"这一复杂的问题,学生感受到用前面的画图、列表等方式解决"太麻烦",真正感受到了"难",需要"退"回去,列举一些简单的情形来找规律,运用找到的规律来解决复杂的问题。真正让解决问题的策略在学生的脑海中扎根,发展学生的模型思想和应用意识,聚焦对学生核心素养的培养。

(二)情境与教学内容高度融合,彰显情感教育的价值

里约奥运会女排夺冠的历程,是中国女排不畏艰难、勇于战胜困难精神的实证。这一情境,既有时效性,能激发学生的学习兴趣,又与本节课教学内容高度融合:一是外在的融合,即都与比赛有关;二是内在的融合,即当学生学习遇到困难时,要像中国女排一样勇于挑战困难,更应该百折不挠,有智慧、有策略地"退"。"退"是一种策略、一种智慧,是为了寻找解决问题的规律,是为了更好地"进"。

(三)放慢教学节奏,体验形成策略的过程,开展深度教学

让学生自己意识到要"知难而'退'",并自己提出"知难而'退'"的策略是有很大困难的。因此,我有意放慢教学节奏,做实教学过程。在解决"6支球队需要比赛多少场"这一问题时,充分让学生自主探究,汇报交流各种不同的方法,再带着学生一起梳理方法,其目的是增强学生的体验、感受,让学生意识到解决"单循环比赛需要比赛多少场"这一问题可能有规律可循。

在复杂的问题出现后,学生立即意识到用前面的方法解决"太麻烦",感受到了"难"。但我并没有直接引导学生去寻找规律,而是先让学生小组讨论自己寻找方法解决,在随后的小组汇报交流中,引导学生发现"要'退'回去,从简单的情形寻找规律来解决问题"。策略是学生自己思考、交流后有感而发的,并不是教师直接给出的。

(四)让学生自己发现、总结规律,加深对解决问题策略的领悟

解决问题的策略找到后,我放手让学生小组合作,先举例,再思考、交流，总结出解决问题的规律，这样的教学既重视学生自主学习、合作学习，又有利于学生展现自己知识的建构过程，不仅知其结果，更了解自己得出结果的过程，加深学生对"从简单的情形开始寻找规律"这一解决问题的策略的领悟。

整节课，学生被数学的魅力吸引，他们在经历学习的过程中"悟"出了解决问题的策略，找到了解决问题的规律，他们参与其中，乐在其中。

填数游戏

深圳市盐田区田心小学　彭丽文

【教学内容】

北师大版小学数学一年级下册"数学好玩"第二课时。

【教学目标】

（1）学生在活动中掌握填数方法，说清填数理由，积累填数经验。

（2）经历填数游戏活动，初步提高分析推理能力。

（3）在探索、尝试、交流等活动中，体会填数游戏的乐趣，激发学习数学的兴趣。

【教学重难点】

学生在活动中掌握填数方法，说清填数理由，积累填数经验。

【教学准备】

三行三列的游戏卡，五行五列的游戏卡，数字卡片各若干等。

【教学过程】

（一）微课引入，激发兴趣

师：同学们，你们看过《最强大脑》吗？我们一起来看看。（播放数独竞赛微视频）

师：看，这是比赛用的一块填数板。（出示一个九行九列的数独）想玩吗？我们今天就先从最简单的玩起！

（二）数字站位，了解规则

1. 出示表格，介绍规则（见右图）

游戏规则：①每个空格中只能填1、2、3中的一个；②每一横行、每一竖列的数字不能重复。

2. 根据规则，辨析对错（见右图）

（1）仔细观察数字宝宝的站位，符合游戏规则吗？为什么？

（2）思考：如何解决这个问题？

（3）强化规则：每个空格中只能填1、2、3中的一个，每一横行、每一竖列的数字不重复。

（三）填数推理，领悟方法

填数游戏1

（1）出示表格及规则（见右图）。

规则：①每个空格中只能填1、2、3中的一个；②每一横行、每一竖列的数字不能重复。

（2）表格里4个数字宝宝站了4个位置。咦？剩下的数字宝宝按照规则该站哪里呢？从哪一格开始填起最简单？为什么？请学生拿出1号游戏卡，试着填一填。

（3）学生独立填数，教师巡视、指导。

（4）学生展示汇报，交流分享。

① 突破"第一个格"。

生1：题目说每一行都有1、2、3，横着看，这个格子所在的那一行有数字1和2，排除1和2，只能填3。

师：有道理吗？谁再来解释一下？（指名其他同学说理由）

师生一同梳理：横着看（板书：横着看），因为已经有了1和2，那1和2就不能再填，再填就重复了，剩下的一个空格只能填3。（教师和学生互动，梳理、板书）

② 挑战剩余的格子。

预设一：学生表述清楚，解释完整。

师：那接下来填哪个格子呢？谁来说一说？

生2：竖着看（板书：竖着看），这里已经有了1和3，那1和3就不能填，再填就重复了，剩下的这个格子，只能填2……

预设二：学生说得不规范，需要梳理。

师：那接下来填哪个格子呢？谁来说一说？

生3：我觉得那个格子是填2……

师：我听得不是很明白，谁能帮他解释一下？

生4：竖着看（板书：竖着看），这里已经有了1和3，那1和3就不能填，再填就重复了，剩下的这个格子，只能填2。

师生一同梳理：这里有了……排除……只能填……

③ 验证。

师：大家觉得符合游戏规则吗？为什么？

生5：横着看、竖着看都不重复。

（5）总结方法：可以从只有一个空格的横行或者竖列开始填数。

填数游戏2

（1）出示表格和规则，提出问题（见右图）。

规则：① 每个空格中只能填1、2、3中的一个；② 每一横行、每一竖列的数字不能重复。

师：这回只有2个数字宝宝。我们无论横着看、竖着看都找不到只剩一个空格的。这下又该从哪一格开始填起呢？为什么？

（2）学生独立思考，尝试填数。

师：同学们想一想，动手试一试。

（3）小组合作，交流方法。

师：有点难，对吧？要不我们小组合作，一起完成，好不好？

小组内，组长组织小组成员有序开展交流、探讨活动。想到方法的同学可以向大家介绍自己的方法，其他同学可以提出疑问。

（4）小组汇报，全班分享。

师：哪个小组先来介绍？说说你们是从哪里开始填起的，为什么这样填？

方法一：

组1：我们可以从第一横行的第二个格子填起，因为游戏规则

说了，每一行、每一列，每个数字都不重复。所以，可以横着、

竖着一起看。横着看有2，竖着看有1，格子只能填3（见右图）。

师：接下来填哪里呢？

组1：接下来我们可以先把只有一个空格的横行和竖列填完，然后再用横

着、竖着一起看的方法确定其他格子填什么。

方法二：

组2：我们可以从第一竖列的第二个格子填起，因为

游戏规则说了，每一行、每一列，每个数字都不重复。

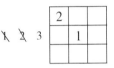

所以，可以横着、竖着一起看。横着看有1，竖着看有2，

格子只能填3。用这种方法，我们可以把其他格子也填完

（见右图）。

（5）观察比较，总结方法。

师：观察这两个组的填数方法，玩这个游戏有什么好方法？

生6：有时候，我们可以先找只空出一个空格的横行或竖列填起，比较简

单。可是，有时候，我们找一行或一列不能判断，就需要找横竖交叉看的地方。

小结：当没有只空一个格子的横行或竖列时，我们可以从空两格的横

行、竖行填起，横、竖一起看，只要排除两个不同的数，就能确定填几。

（板书）

填数游戏3

（1）出示表格和规则（见右图）。

规则：①每个空格中只能填1、2、3、4、5中的一个；

②每一横行、每一竖列的数字不能重复。

（2）独立完成，全班交流。

5	1			3
1	3			4
4	2		1	5
2		4	3	1
3	4	1		2

（四）师生评价，总结经验

1. 说一说

师：填数游戏好玩吗？你学到了什么？

2. 议一议

师：你觉得自己在课上的表现怎样？哪些同学的哪些表现值得大家学习？……（教师指导学生开展自评、互评活动）

（五）拓展延伸，介绍数独

师：我们今天玩的填数游戏在数学里有一个名称，叫数独。你了解数独吗？我们一起来观看微课。

播放《数独》的微课。

【教学反思】

在这节课上，我把古代数学"数独"，借助现代信息技术制作微课《最强大脑》引入，以游戏的形式呈现给一年级学生，激发学生探究、解决问题的兴趣。课堂中，我把时间、舞台还给学生，按照"学思课堂"基本范式开展教学活动。

第一环节："自学自思"——学生结合小视频和游戏卡开展自主学习活动。

通过播放"数字宝宝齐站位"小视频，学生了解填数游戏规则。在学生明晰游戏规则后，我出示三行三列的1号游戏卡，组织学生与数字宝宝一起玩"填数游戏"。带着"符合游戏规则的情况下，从哪一格开始填最简单"这一核心问题，学生独立思考，尝试用学具卡摆一摆，试着填一填。

第二环节："展学广思"——学生进行合作学习，互相启发、思考，学生互相展示自己或小组的学习过程、方法和结果，对展示的过程、方法和结果进行接收、思考、补充、评价。

在学生独立探索的基础上，我组织学生进行汇报交流，学生可以充分发表自己的观点、想法，在全班同学的思维碰撞中，总结出玩填数游戏的一般方法：可以从只有一个空的横行或竖列开始填起。

第三环节："导学深思"——根据学生学习活动开展的具体情况、学生的具体状态，我有针对性地采取有效的策略，引导学生在游戏中深入思考，激发学生学习兴趣和思维潜能。

在用2号游戏卡玩游戏时，学生会发现：无论是横着看还是竖着看，都没有只空一格的横行、竖列，无法用刚刚总结的方法准确判断表格中所填的数字。怎么办呢？我组织学生以小组为单位进行合作探究：当单纯从"横"或"竖"一个维度观察，无法准确判断时，应该怎么办？在组内交流的基础上，我再引导学生开展集体交流，分享智慧，积累新经验，进一步总结玩填数游戏的方法：一般情况下，我们可以从只有一个空格的横行或者竖列开始填，这样填最简单；当横着、竖着都没有只空一格的横行或者竖列时，就可以从空两格的横行或竖列填起，横竖一起看，排除掉三个数中的两个不同的数，就可以确定填几。在活动中，我充分调动学生参与的积极性，给学生提供充分的时间、空间，引导学生深入思考填数游戏中深层次的问题，让每一名学生都能经历获取知识的过程，在与组内同学的思维碰撞中架构新知、优化方法，提升逻辑分析推理能力和问题解决能力。

第四环节："评学善思"——及时开展学生的自评、互评活动。

"刚刚××同学的意见你们同意吗？你觉得他说得怎么样？""大家觉得谁的方法最好？好在哪儿？""你觉得你刚刚的介绍，大家听明白了吗？对于自己今天的表现，哪方面你最满意？哪方面需要注意？"在教学活动的开展过程中，或者在课堂小结环节，我及时引导学生开展学生的自评、互评活动。评价的点不仅仅局限于学生的思维能力，更要关注到学生的情感态度与价值观。让学生在自评和相互的评价中相互学习，体会填数游戏的乐趣，激发学习数学的兴趣。

我认为：课堂中学生的参与、理解和感悟远比学生依靠记忆与模仿更重要，学生"悟"的效果远比教师"教"的效果好。灵活运用"学思课堂"的学习范式开展教学活动，有助于调动学生主动参与、积极建构的动力，引导学生投入学习、主动学习、乐于分享、勇于展示，提升学生学习的能力。

有意义学习添彩　建模型思想生辉

——"路程、时间与速度"教学案例分析

深圳市盐田区庚子首义中山纪念学校　曾永记

【设计理念】

美国认知教育心理学家奥苏贝尔根据学习材料与学习者认知结构中已有知识的关系，将学习分为机械学习和有意义学习。他认为，有意义学习是指符号所代表的新知识与学习者认知结构中已有的适当概念建立非人为的、实质性联系的过程。实践证明，有意义学习能使学生获得真正的知识，这种知识是有心理意义的，它有机地镶嵌进学生业已形成的认知序列之中，使学生的认知结构像滚雪球似的不断组织和重新组织，学生可以对其自由提取，灵活运用。有意义学习才是科学的、积极思维的、高质高效的学习。检验教学是不是科学，其实际标准就在于看它是否使学生产生了有意义学习。数学知识本身就富有意义，教师该如何让课堂上的知识更有意义地呈现，让学生感悟知识间的实质联系，促进学生进行有意义学习，是值得思考的问题。

《义务教育数学课程标准（2011年版）》指出：在数学课程中，应当注重发展学生的模型思想。建立数学模型是一种数学的思考方法，是运用数学的语言和方法，通过抽象、简化建立能近似刻画并解决实际问题的一种强有力的数学手段。帮助学生构建数学模型大致要经过三个大的步骤：第一步，创设问题情境、发现提出问题——建立模型准备阶段。课堂上一般会给学生一个情境图，让学生观察发现情境图中隐含的信息，提出要研究的问题，从而让学生感

受新知识产生的背景、必要性和作用，激发学生主动参与数学活动。第二步，探究方法、解决问题——建立数学模型阶段。这一过程，让学生经历问题的探究过程，建立自己的认知结构，把握数学知识的本质，构建数学模型，提升抽象、概括能力。第三步，解释应用拓展、体验数学价值——应用数学模型阶段。这一过程，让学生体会到数学模型的实际应用价值，体验数学知识的用途和益处。模型思想是学生在数学学习中特别需要培养和发展的，当然也特别值得老师关注。

　　模型思想和有意义学习是相辅相成的，有意义学习可以促进数学模型的建立，而数学模型的建立又可以让学习更有意义。本案例即是主要基于有意义学习和模型思想的理念设计的。

【教材、学情分析】

　　本课在北师大版小学数学教材中安排在四年级上册"除法"的学习之后，这是考虑到计算速度需要借助"除法模型"。教材提供的情境中给出三只小动物竞走比赛的时间和路程信息，让学生来猜"谁走得最快"，从而引出速度概念。另外，信息表中有意安排两只小动物的时间相同及两只小动物的路程相同。（见北师大版小学数学四年级上册第79页）

　　这个年龄阶段的学生，对"路程、时间"的概念已有自己的认识，"相同时间路程越多越快、相同路程时间越少越快"也是学生该有的经验，关键是要学生提出"时间不同，路程也不同的情况下如何比较快慢"的核心问题，在探究该问题解决方法时体会"速度"的意义，并领会到速度和路程、时间的关系，建立"路程÷时间=速度"的模型。

　　在认识"速度"后，教材接着安排了认识"速度单位"的教学。教材意图表示，对于速度单位，教师可以直接介绍，介绍完再让学生认识几个生活中的"速度单位"。如此编排教材应该是认为学生理解了速度的意义后，理解速度单位会比较容易，这样的安排也不无道理。

　　"速度单位"是一个复合单位，这和学生以前学的单位有所不同，学生是不是可以一下子接受呢？会不会有"为什么要用这种单位"的疑问？笔者认为这里需要让学生感受到引入复合单位的必要性，从而有利于接受复合单位的模型，这对认识其他复合单位是有积极意义的。

为了让本课知识能够更有意义地呈现，更有利于学生主动建立数学模型，笔者对教材内容进行了一些编排设计，以满足学生的学习需要。

【教学目标】

（1）学生在情境中感悟快慢由"路程"和"时间"两个因素决定，借此体会"速度"的意义，理解路程、时间与速度三者之间的关系，并学会"速度"的计算方法，建立"路程÷时间=速度"的模型。

（2）学生通过实例理解"速度单位"的意义，并建立复合单位的模型，同时巩固速度的计算方法及路程、时间与速度的关系。

【教学重难点】

（1）教学重点：体会"速度"的意义，理解路程、时间与速度三者之间的关系。

（2）教学难点：理解"速度"的意义，认识"速度单位"这个复合单位的模型。

【教学过程】

（一）情境引入

配合音乐，慢慢播放一组"艰难上学"的照片。

师：据说有些山区的孩子，上学要跋山涉水，走上一小时、两小时，甚至更长时间。求学路虽然艰难，但我们依然向往，我们要快乐面对求学中的困难。

师：同学们，你们上学一般要走多长时间呢?

（指名几名学生，询问他们上学大约需要几分钟）

师：我们上学的路看来要容易得多，我们要珍惜这美好时光，好好学习。

设计思路：播放"艰难上学"的照片进行情境导入，契合本课主题，并可渗透德育。

（二）新课探究

1. 探究"速度"概念

师：同学们，请看，这里是笑笑、淘气和奇思三名同学步行上学的时间。

（课件出示）

	时间（分）
笑笑	8
淘气	8
奇思	6

师：你们认为，在上学路上，谁走得最快呢？

生1：奇思最快，因为他用的时间最少。

生2：不对、不对，不知道他们家离学校有多远，光知道时间判断不了谁最快。

师：同学们认为哪个意见更有道理呢？

生（思考片刻后）：第二个同学说得更有道理。

师：也就是说，只知道时间不能比出快慢，还要看他们家到学校的路程。

（课件出示，补充"路程"信息）

	时间（分）	路程（米）
笑笑	8	680
淘气	8	480
奇思	6	480

师：现在路程和时间（板书：路程、时间）都知道了，你能知道谁走得最慢，谁走得最快吗？请先独立思考，然后把自己的想法跟伙伴们说一说。

（学生独立思考后，小组间交流）

师：谁最慢、谁最快？怎么比的？

生：笑笑和淘气比，用的时间相同，而笑笑的路程远，所以她比淘气快；淘气和奇思的路程一样，而奇思花的时间少，所以奇思也比淘气快。但笑笑和奇思不好比。

师：你很棒！知道在比快慢时，时间相同时比路程，路程相同时比时间。那么，大家再接着思考，笑笑和奇思两名同学的时间和路程都不相同，该怎么比呢？请将想法写出来。

（学生独立思考并书写，指名学生到黑板上板书）

师：请给大家解释一下你的想法。

生（指着自己板书的算式）：笑笑比奇思快一些。因为680÷8=85（米），480÷6=80（米），我比的是他们"1分钟走的路程"，85米是笑笑1分钟走的路程，80米是奇思1分钟走的路程。

师：大家懂他的想法吗？

生（声音一致）：懂！

师："1分钟走的路程"，我们也可以说成"每分钟走的路程"（板书：每分钟走的路程），那么求他们"每分钟走的路程"为什么要用除法呢？

生：因为求他们"每分钟走的路程"，就是把680米平均分成8份，把480米平均分成6份，所以要用除法。

师（指着板书）：把680米平均分成8份，其中1份就是笑笑"每分钟走的路程"；把480米平均分成6份，其中1份就是奇思"每分钟走的路程"。现在我们用这个方法，也来算算淘气每分钟走的路程。谁会算？

生：480÷8=60（米）。（教师同步板书）同样道理，把480米平均分成8份，其中1份就是淘气"每分钟走的路程"。

师：从结果上看，果然是淘气最慢，笑笑是最快的。

师：我们还可以用线段图来表示刚才的思考过程，请看。（课件出示线段图）

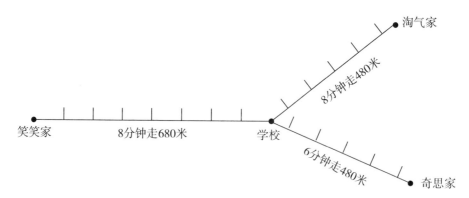

师：这个图，你能看懂吗？你能从图上发现些什么？

生：我发现走几分钟就平均分成几份。

生：每一段越长说明走得越快，每一段越短说明走得越慢。

师：刚才我们比快慢，就是看"每分钟走的路程"，其实像这样"每分钟走的路程"在数学里还有一个更简单的名称来描述，你们知道叫什么吗？

生：速度！（板书：速度）

师：速度跟什么有关呢？

生：跟路程和时间有关。

师：我们是怎么求速度的？

生：路程÷时间=速度。（教师同步板书）

设计思路："路程、时间、速度"这三个量中，"速度"是最难理解的，却是最核心的。关于速度的概念，仅仅依靠教师的讲解是不够的，必须通过现实中的例子让学生感悟。首先，教学中，一方面把抽象的"速度"概念与学生熟悉的"比快慢"生活经验紧密联系，将学生对速度粗浅、模糊的认识上升到数学高度；另一方面将教材中"时间"和"路程"的信息分两步呈现，利用学生生活中粗浅的印象，做出初步判断，产生"奇思最快，还是难以确定"的认知冲突后再补充"路程"信息，让学生感受"速度"和"路程、时间"都有关系。其次，让学生以自己原有经验来判断"时间相同或路程相同时的快慢"，并引出"时间不同，路程也不同该怎么比快慢"的核心问题，让学生充分感受"速度"这个概念产生的必要性和现实意义。最后，教师引导学生探索速度的计算方法，并通过线段图予以解释，让学生逐步建立"路程÷时间=速度"的数学模型。

利用缺失信息的方法，让学生"恍然大悟"：在路程、速度、时间三者中，只有知道两个因子才能推算出未知因子。这样的教学不但增添了课堂乐趣，还让学生对重要概念有了一个"过程体验"，可以引发学生注意问题的本质和内在逻辑联系，并由问题引出新概念，充分表达新概念产生的必要性和现实意义，有利于学生进行有意义学习，这比老师简单直接介绍新概念效果要好得多。

2.练习"速度计算"，并探究"速度单位"

师：同学们知道速度该怎么算了，现在我们来完成两道有关速度计算的题目，请看。（课件出示）

（1）"神十"飞船在太空中5秒飞行了约40千米，"神十"的速度是（   ）。

（2）张老师骑自行车，2小时行了16千米，张老师骑自行车的速度是（　　）。

学生独立思考，列式计算，然后展示交流。

生上台板书：40÷5=8（千米）　　16÷2=8（千米）

师：啊！张老师骑自行车的速度真快呀！竟然和"神十"飞船的速度一样！

生：他们的速度不一样！"神十"飞船的速度是每秒8千米，张老师骑车的速度是每小时8千米，都是8千米，而"神十"飞船用的时间短，它的速度快。

师：可是，从算式的得数和单位看不出来呀！你能想办法区分吗？

学生独立思考，在练习本上写出自己的想法，全班交流，教师引导一步步优化写法。

每一秒8千米、每一小时8千米

每秒8千米、每时8千米

8千米每秒、8千米每小时

8（千米）秒、8（千米）时

……　……

师：大家真厉害！为了区分两个"8千米"，动脑筋想出这么多好办法！已经很接近数学家的想法了，数学家们是借助"/"来帮忙，把"神十"飞船的速度写成"8千米/秒"，读作"8千米每秒"，把张老师骑车的速度写成"8千米/小时"或"8千米/时"，读作"8千米每小时"，（教师同时修改学生板书，"千米"改成"千米/秒、千米/时"）你们觉得这样的写法怎么样？

生：简洁明了！

师：是的，这就是数学的"简洁美"。不知道你们发现没有，速度的单位很特别，谁知道它特别在哪儿？

生：哦，我知道，速度单位由两个单位组成。

师：哪两个单位？

生：千米、秒或者千米、时。

师：是的，速度单位是由长度单位"千米、米"等和时间单位"时、分、秒"等复合而成，并用"/"分开，像千米/秒、千米/时、米/秒……都是速度单位。（教师同步板书：速度单位：千米/秒、千米/时、米/秒……）你们想想看，"/"在这里相当于什么符号？

生：相当于"÷"。

生：电脑里就是用"/"表示"÷"。

师：是的，其实从速度的单位也能看出路程、时间和速度的关系是——

生：路程÷时间=速度。

设计思路：速度单位和速度意义紧密相连，因为速度是单位时间内运动的路程，所以速度的单位一般写成"长度单位/时间单位"的形式，这样的复合单位，学生第一次接触，需要结合具体情境理解。

上述教学中，教师通过"神十"飞船的速度和张老师骑车的速度，发现得数都是"8千米"，顺势引导学生思考"张老师骑车的速度是不是和'神十'一样快呢"，由此，学生产生疑问，这样的疑问引发学生"强烈需要区分这两个'8千米'的需求"。学生经过思考后，自然而然地想到速度单位不能只用路程的单位表示，还与时间有关，需要引入时间单位，从而主动建构起复合单位的模型。复合单位的出现变得自然、必要，不是教师单方面传授，而是师生共同探讨的结果。

这样的教学安排，让课堂跌宕起伏，让知识变得更有意义，唤起了学生主动探索的欲望，有效突破了复合单位的难点。

3. 认识一些生活中的速度

师：现在，我们对速度和速度单位一定都有了自己的认识，这里有几个生活中的速度，你能说说它们的含义吗？（见北师大版小学数学四年级上册第79页）

生：我知道，人步行每小时大约走4千米，飞机每分钟大约飞行12千米。

生：我知道光的速度最快！

……　……

师：看来，同学们对速度和速度单位的认识又加深了。我们这节课的主要学习任务也就完成了。

设计思路：让学生说一说生活中的速度，借此进一步加深对速度和速度单位的认识。

（三）总结回顾

师：通过这节课的学习，同学们有什么收获？

生：我知道速度与路程、时间有关。

生：我知道可以用路程除以时间来求速度。

生：我知道速度单位由长度单位和时间单位复合而成。

…… ……

师：同学们的收获真不少，那么你还能想到与今天课堂有关的其他问题吗？

生：我想到用速度乘时间可以求路程。

生：我想到单价和总价、数量的关系与速度和路程、时间的关系类似。

…… ……

师：真棒！这些问题正是我们下节课将要研究的内容。今天这节课就上到这里，同学们，下课！

设计思路：让学生养成回顾整理的习惯，并引导学生联系到下节课的知识，起到承前启后的作用。

【板书设计】

路程　时间　速度

↓

每分钟走的路程

笑笑：680÷8=85（米）

奇思：480÷6=80（米）

淘气：480÷8=60（米）

路程÷时间=速度

"神十"速度：40÷5=8（千米/秒）

张老师骑车速度：16÷2=8（千米/时）

速度单位：千米/秒、千米/时、米/秒……

【课后反思】

本节课的主要任务是要解决"什么是速度""如何度量速度"两个大问题。

在教学中，教师结合具体情境，根据学生以往经验，精心设计"奇思最快还是难以确定"的冲突及"张老师骑车速度难道和'神十'速度一样快"的问题。同时，对"速度"和"速度单位"这些新知识的引出，关注到了知识产生的必要性和现实意义。这些教学安排让课堂跌宕起伏，增添了课堂乐趣，更重要的是让知识的呈现更有意义，让学生进行有意义学习，有利于学生深刻理解新知，从而主动构建新的数学模型。

这样的教学，有效地关注了教学重点、突破了教学难点，很好地完成了本课的教学任务。

笔者经过查阅资料、独立思考、集体备课等多种方式对本课教学设计进行了打磨优化，并在教学实践中不断调整完善，现形成该案例供老师们参考，欢迎批评指正。

【参考文献】

［1］中华人民共和国教育部.义务教育数学课程标准（2011年版）［S］.北京：北京师范大学出版社，2011.

［2］牛献礼.让学习真正发生——我这样教小学数学［M］.济南：济南出版社，2016.

"搭配中的学问"教学设计

深圳市盐田区教科院附属田东小学　孔丽莉

【教学内容】

《义务教育教科书·数学》（北师大版）六年制三年级上册"数学好玩"。

【教学目标】

（1）结合"搭配服装"等情境，自主探索并掌握简单的搭配方法，能用合适的方式表示自己的搭配方法。

（2）通过观察、猜测、尝试等数学活动，学会按一定顺序思考问题。

（3）学生通过自主学习、动手操作、探索交流等活动，培养符号意识和有序全面思考问题的能力。

【教学重难点】

引导学生按照一定的顺序全面思考问题，并用所学知识解决问题。

【教具学具准备】

每人一套帽子和裤子的卡片，课件。

【教学过程】

（一）创设情境，导入新课

谈话：今天是小丑明明的第一场演出，现在他正来到试衣间准备今晚的演

出服装呢。一起去看看！（课件出示明明挑选服装的动画）

明明在纠结什么？你愿意帮帮他吗？

引导学生猜测：如果一顶帽子搭配一条裤子是一种搭配方法，那一共有多少种不同的搭配方法呢？

生：6种、3种、2种……

师：看来这搭配中还有很大的学问呢！今天我们就一起来探究"搭配中的学问"。（板书课题）

（二）探究方法，感受有序

1. 独立思考，探索方法

师：在这个学具袋中，老师给大家准备了帽子和裤子的卡片。下面请用你喜欢的方式，如文字、画图、连线等，探究一下，一共有多少种不同的搭配方法，并把你的方法记录在这张学习单上。

课件展示活动要求：动手试一试，一共有多少种不同的搭配方法？

（用自己喜欢的方式：文字、画图、连线……）

教师巡视、参与交流，并收集有代表性的教学素材。

2. 展示汇报

师：下面看看大家是如何帮明明搭配的吧。请看大屏幕。

预设：

（1）有序搭配。

投影展示学生的记录单。

师：我们一起大声读一遍他的搭配方法吧。

生读，老师在黑板上用"一一对应"的方式摆出相应的搭配方法。

谈话：感觉怎么样？

现在有什么想说的？

让学生初步直观感受有序搭配并做出评价。

（2）无序，重复列举。

投影展示学生的记录单。

师：我们再来看看另一个同学的搭配方法。一起读一读。

谈话：他的方法感觉怎么样？

生读，老师在黑板上用图片摆出方法。

请生评价，并上台指出问题。（板书：重复）

（3）无序，不完全列举。

投影展示学生的记录单。

谈话：我还发现有的同学的方法是这样的。这种方法怎么样？

请生评价，并说说漏了什么。（板书：遗漏）

3. 比一比，感悟按一定顺序搭配的好处

投影同时展示前三种方法。

谈话：你更喜欢哪一种？为什么？

引导学生在对比中思维碰撞，得出结论：我们在搭配时按照一定的顺序搭配，就可以做到不重复，也不遗漏。（板书：有顺序、不重复、不遗漏）

4. 体会方法的多样性

投影展示学生的连线法。

谈话：我还发现有同学是这样记录的，你们能看明白吗？

引导学生跟黑板上有序搭配的方法进行比较，边比较边在黑板上连线。

生：他是先确定帽子，分别和裤子搭配，再用线连接起来。

引导学生思考：还可以怎么搭配？

请生上台边摆边说。

生：还可以先确定裤子，分别与帽子搭配，再用线连起来。

小结：无论是先确定帽子还是先确定裤子，只要按照一定的顺序搭配，就能够不遗漏，也不重复地把所有搭配的方法都找出来。

5. 体会连线法的优越性

同时投影展示学生的文字列举法及连线法。

谈话：这两种方法，你更喜欢哪一种？

学生比较交流，认识连线法这一有序记录方法的简便性。

6. 创造符号代替实物图，培养符号感

谈话：确实，连线法既准确又简单，这里还有一些不一样的记录方法，你明白它的意思吗？

投影展示学生用符号记录的方法。

预设：

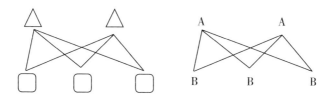

师：你觉得这种记录方法怎么样？好在哪里？

讨论用图形、字母等表示的方法，理解各个符号代表的含义。

7. 提升，感悟模型思想

预设：学生直接用2×3＝6来解决问题。

师：2和3分别代表什么？2乘3的含义是什么？

生：从这顶帽子出发，有3种搭配方法，从另一顶帽子出发，又有3种搭配方法，两个3，就是6种。

师：如果是从裤子出发呢？

生：从这条裤子出发，有2种搭配方法，每条裤子都有2种搭配方法，这里有3条裤子，就有3个2，也是6种。

生结合连线的过程，再数一次，回顾搭配活动的过程，同时感悟这个乘法模型。

（三）练习巩固，拓展提升

选路线：出示去肯德基餐厅路线图。

谈话：从少年宫经过学校去肯德基餐厅，明明一共有多少种不同的走法呢？

引导学生用符号来表示路线，表述起来简单又清楚。

生：6条。

师：说说你的想法，你是怎么知道的？

生交流，得出结论。

（四）课堂总结，回顾提升

谈话：同学们，搭配在我们的生活中应用非常广泛，想一想，生活中还有哪些地方用到了搭配？

师：回顾整堂课的学习过程，你有哪些方面的收获？

学生谈自己的收获，老师注重引导学生对数学思想方法的回顾与总结。

在"变"与"不变"中实现"转化"

——"平行四边形的面积"的实践与思考

深圳市盐田区外国语小学　张丹婷

【学情分析】

学生在此之前已经认识平行四边形，了解平行四边形的特点，知道平行四边形的底和高，掌握长方形的面积计算方法，并在以前的学习中初步渗透过"转化"思想（小数除法转化成整数除法），对"转化"的方法有所了解。

【教材分析】

"平行四边形的面积"是在学生学习了长方形的面积计算方法的基础上，第一次探索除长方形、正方形以外的其他平面图形的面积，是后面探索三角形、梯形等平面图形面积计算方法的重要基础。

【教学目标】

（1）经历平行四边形面积猜想和验证的探究活动，体验数方格及割补法在探究中的应用，获得成功探索问题的体验，渗透转化的数学思想。

（2）掌握平行四边形面积计算公式，理解底和高的对应关系，并能正确计算平行四边形的面积。

（3）能运用平行四边形面积计算公式解决相关的实际问题，体会数学与生活的联系。

【教学重难点】

（1）教学重点：探索平行四边形面积计算公式，理解"转化"的方法。

（2）教学难点：理解平行四边形面积计算公式的推导过程。

【教学过程】

（一）情境引入

师：在这个停车场中，你看到了我们认识的哪些图形？（长方形和平行四边形）

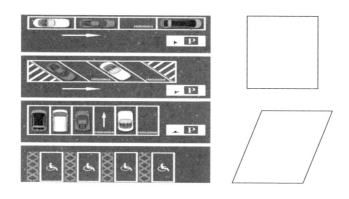

师：笑笑的爸爸想把车停进这个停车场，想让她帮忙找个大点的停车位，同学们，你们觉得这两个停车位哪个大呢？

学生猜一猜、说一说。

生1：看上去平行四边形的大一些。

生2：应该一样大。

生3：不好判断。

…… ……

师：要知道哪个图形大一些，那就要知道它们的什么呢？（面积）

师：我们会计算长方形的面积。（长×宽：5×3=15）平行四边形的面积该如何计算呢？谁来猜一猜？

设计意图：让学生猜一猜、说一说，既唤醒学生对长方形面积计算方法的记忆，也让学生迅速进入平行四边形面积的学习。

（二）探索新知

1. 猜一猜

生：邻边相乘，因为长方形的面积是：长×宽。

生：底×高。

生：借助方格纸数一数。

生：拉成长方形。（平行四边形具有不稳定性，可以拉成长方形）

······ ······

2. 数一数

师：我们在探索长方形的面积计算方法时，有一种方法通过"数一数"就可以知道长方形的面积，是什么方法？（数方格）

师：如果我们在停车位上也画上方格，每一小格表示1平方米，不满一格算半格，你能数数这两个车位的面积吗？

出示方格纸，师生一起数一数。

预设1（生：平行四边形的面积用"底边×邻边"）：长方形，15个小方格，也就是15平方米。

师：平行四边形有多少格呢？（不满的算半格）（15）

结合学生的猜测引导：如果说平行四边形的面积是底边与邻边相乘：5×3.7=18.5，这个结果与数格子结果15不符，很明显，这个猜测不成立。

预设2（只猜到底×高）：长方形，15个小方格，也就是15平方米。

师：平行四边形有多少格呢？（不满的算半格）

师：通过数格子我们知道，这个平行四边形的车位面积是15平方米，但是生活中若真的要在停车位那儿画格子来计算它的面积，大家觉得方便吗？

师：我们能不能把它转化成学过的图形来帮我们算一算呢？（长方形）

设计意图："数方格"是学生已有的知识经验，也是借助面积的"有限可加性"来帮助学生"数一数"平行四边形的面积。学生通过"数一数""算一算"，计算出平行四边形的面积，为理解平行四边形面积计算方法做好铺垫。

3. 验证一

师：你能把平行四边形转化成长方形吗？

（1）试着用学具袋中的平行四边形剪一剪、拼一拼。

操作要求：①小组长做好分工，确保每个组员都有事情做；②剪一剪、拼一拼；③比较拼成的长方形和原平行四边形，你发现了什么？

（2）学生汇报展示。师：你们是如何把平行四边形转化成长方形的？有什么发现？

小组1（一人操作一人讲解，其他人补充）

生：沿着平行四边形一个顶点画的高剪开，再平移，就拼成了一个长方形。

发现：长方形的"长"是原平行四边形的"底"，长方形的"宽"是原平行四边形的"高"。其他学生补充：面积不变，形状变了。

师：还有其他方法可以把平行四边形转化成长方形吗？

小组2：沿着平行四边形另一边的一个顶点画的高剪开，再平移，也可以拼成一个长方形。

发现：长方形的面积其实就是平行四边形的面积；长方形的"长"是原平行四边形的"底"，长方形的"宽"是原平行四边形的"高"。

小组3（一人操作一人讲解）

沿着平行四边形任意一条高剪开，平移也可以拼成长方形。

小组4：我们沿着平行四边形的一条高剪开，再平移，可以拼成一个正方形，这个正方形的"边长"是原平行四边形的"底"，正方形的另一条"边长"是原平行四边形的"高"。正方形的面积和平行四边形面积相等。

师追问：还有其他方法吗？这样的方法有多少种？（无数种，因为平行四边形的高有无数条）

教师课件演示：各种不同的把平行四边形转化成长方形的方法。

师：我们沿着平行四边形的任意一条高剪开，平移，都可以拼成长方形。并且发现：拼成的长方形的面积等于原平行四边形的面积，长方形的面积=长×宽，长方形的"长"是原平行四边形的"底"，长方形的"宽"是原平行四边形的"高"。从而得出：平行四边形的面积=底×高。介绍字母公式：$S=ah$。

设计意图：动手剪一剪、移一移，充分发挥学生的自主性，让学生自主动手尝试与探索，在前面"数方格"的基础上，再把平行四边形"转化"成长方形，形状变了，但是面积没变，感悟新知识转化成旧知识的过程，体会其中的

"变"与"不变"，让学生既探索出平行四边形的计算方法，又再次体会"转化"这一数学思想方法。

4.验证二：把平行四边形拉成长方形

师：刚才我们用割补的方法把平行四边形转化成长方形，面积没变，形状变了。现在我把这个平行四边形拉一拉，里面有哪些变与不变的问题呢？我们一起来探究一下。

（1）小组长给每个组员分发平行四边形扣条。

（2）拉一拉（可以两人合作）。

（3）仔细观察一下，你们发现了什么？

师：谁来和大家说说你们拉一拉后发现了什么？

生：形状变了，好像面积也变了。

生：拉成长方形后，把平行四边形的斜边拉成长方形的宽了，变长了，长乘宽是拉成后的长方形的面积。面积变大了。

师：把平行四边形拉成长方形，可以清楚地看到：长方形的长和平行四边形的底相等，宽其实是把斜边拉直。（课件演示）再次否定了平行四边形的面积等于"底边乘邻边"这一猜测。

设计意图："拉一拉"这一活动，借助学生的"把平行四边形拉成长方形，可以计算平行四边形的面积"这一"认知冲突"，让学生再次借助操作活动理解：把平行四边形拉成长方形，形状变了，面积也变了，平行四边形的"底"变成了长方形的"长"，但是平行四边形底边的邻边变成长方形的"宽"以后变长了，所以，这个长方形和原平行四边形相比，面积变大了。在这个过程中，确实有一个不变的量，那就是图形的"周长"一直不变。这一活动不仅帮助学生释疑，还帮助学生对"面积"的本质有了进一步的理解。

5.师生梳理小结

师生一起梳理"未知"转化成"已知"来探索新知识的方法。

师：把新知识转化成旧知识进行学习，是我们数学学习和生活中重要的一种方法。

以前哪些知识的学习中也运用过这样的方法？

（小数乘法、小数除法……）

（三）应用

1. 计算下面平行四边形的面积

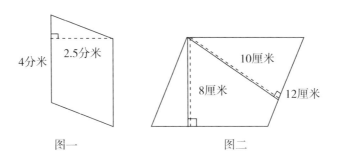

图一　　　　　　　图二

学生独立计算，再汇报交流。

重点分析图二：另一条高缺了对应的底，强调：底与高要对应。（思考：图二为什么不可以用12×8？引导学生用本节课平行四边形面积推导过程进行解释）

2. 猜一猜

停车场的门口想设计一个漂亮的广告牌，我们一起来看看。

下面的平行四边形木板中哪块面积最大？

学生猜一猜。

师：究竟哪个最大呢？请大家算一算。

生：根本不用算，因为它们的底和高都是一样的。（等底等高）

师：真的一样吗？（师生一起算一算）

师追问：这样的平行四边形你还能画几个？

我们可以得出什么样的结论？（等底等高的平行四边形面积相等）

师：出示组合图，感受等底等高。（平行线间的距离处处相等）

师追问：等底等高的平行四边形面积相等，是不是只有等底等高的平行四边形面积才相等呢？

面积为12平方米的平行四边形，可以设计为底、高各是几呢？

生：6，2。

师：只能底6米、高2米吗？

生：4，3；12，1。

学生讨论发现：两个平行四边形的底和高的乘积相等，它们的面积也相等。（为后面的反比例学习做铺垫）

设计意图：有梯度的练习设计，既让学生运用了所学知识解决简单的实际问题，巩固了本课的所学知识；又借助开放性的数学问题给了学生创造的空间和时间，培养了学生的发散性思维。

3. 说一说

在本课探索平行四边形的面积计算方法时，我们把平行四边形剪拼成长方形，就可以发现拼成的长方形和原平行四边形的面积相等，所以很快就可以发现平行四边形面积计算方法。利用旧知识学习新知识，是我们学习上重要的学习方法——转化。大家猜一猜：今后我们学习其他平面图形面积的计算方法，会不会转化成平行四边形来学习呢？

设计意图：在课的结尾，让学生说说自己的收获，让学生感受到收获的不仅是数学知识，还有"转化"这一学习方法，把培养学生数学素养的教学目标落在了实处。

【思考】

（一）"数方格"

测量物体需要单位，测量长度需要一维的单位，测量面积需要二维的单位，测量体积需要三维的单位。在探索"平行四边形的面积"这一知识时，学生很自然地想到了"数方格"，借助一个个"单位面积"计算平行四边形的面积，从而发现平行四边形的面积可以用"每行的单位面积个数"乘"有多少行"，也相当于"底乘高"。这一方法利用了面积的"有限可加性"，帮助学生用"数方格"的方法理解平行四边形面积的计算方法，既运用了学生已有的知识经验，又理解了新的知识。此环节的操作与思考，让学生在"数方格""算一算"中计算平行四边形的面积，体会面积的"有限可加性"。

（二）"变"与"不变"

学生在教师的引导下，很容易想到可以把平行四边形剪、移、拼成长方形，完成这个图形的"转化"后，教师要注意引导学生思考：平行四边形剪拼成长方形后，什么变了？什么没变？为什么没变？学生通过观察不难发现：图形的形状变了，而且，原平行四边形的"底"变成了长方形的"长"，原平行四边形的"高"变成了长方形的"宽"。

什么没变呢？面积没变。剪下一部分再拼回图形中，图形的面积是不变的，也就是图形的大小是不变的。这一点彰显了面积的"运动不变性"。此环节的操作活动与思考，让学生经历图形的"转化"，把新知识转化成旧知识，并从中感受"转化"过程中的"变"与"不变"，在操作与思考中体会面积的"运动不变性"，从而对"面积"概念的本质有了进一步的理解，平行四边形的面积计算方法也水到渠成。

【参考文献】

张奠宙，巩子坤，任敏龙，等.小学数学教材中的大道理［M］.上海：上海教育出版社，2017.

动手操作　玩转数学

——"包装的学问"课例研究

深圳市盐田区教科院附属田东小学　向雪梅

一、源于生活，课前思考

一看到这个课题，脑中出现很多疑问——包装不应该是美术课的内容吗？包装中到底有什么学问呢？数学和包装有什么关系？美术可以解决怎么包装更加美观的问题，那么数学能解决"有多少种包装方法，如何包更节省包装纸"的优化问题吗？

如果说把最大的面重合在一起就是最节约包装纸的方法，那么为什么超市中有些食物的包装并不是按数学中最优最节约的方案去包装？原来现实生活中，除了要考虑最节约包装纸来包装外，还要考虑美观、方便运输等诸多因素。

那么，这节课的意义何在呢？我觉得是让学生学会一种数学思维方式，在引导学生发现、总结出包装学问的过程中，体会到策略的多样化，发展学生的优化思想，同时帮助学生建立空间观念。

二、深度分析，教材解读

1. 教材内容

选自北师大版小学数学五年级下册"数学好玩"单元中的一节探究型活动课。在此之前学生已经在第二单元学习了长方体、正方体的特征，会计算它们的表面积，并在练习中多次感受了把几个正方体拼成一个长方体后表面积发生的变化。这些都为今天的学习提供了有力的支撑。

2. 学情分析

既然叠放后长方体的表面积学生已经会求了，教材为什么要安排这样一节看起来是表面积练习课的探究课呢？包装中到底有什么学问呢？如何引导学生发现、总结出包装的学问？学生又能获得什么呢？

带着这些思考，我在课前找了几个不同层次的孩子，让他们先独立试做，我发现找到一种或两种摆法并算出表面积对于他们来说并不难，通过合作交流也能找全三种摆法。但是他们的思维往往是无序的，对于方法多样化与策略最优化的归纳总结存在困难。

因此，这节课要放手让学生主动参与探究、动手操作，给予他们充分的时间和空间去表达、去说理。

3. 教学目标

让学生不仅会算长方体叠放后的表面积，得出结论，还经历探索的全过程，从猜想到验证，在验证的实际操作中，体验到策略的多样化，发展学生的优化思想，同时帮助学生建立空间观念。

三、操作思辨，课堂实录

环节一：创设情境，提出问题

师：同学们，新年马上要到了，六（1）班的学生想给"手拉手"贵州织金学校的小伙伴们寄一些糖果庆祝新年。包装一盒这样的糖果至少需要多大面积的包装纸？

生：就是求这个长方体的表面积是多少。

师：要求表面积还得知道什么？

生：还需要知道这个长方体糖果盒的长、宽和高。

生：知道长、宽、高后，利用公式（长×宽+长×高+宽×高）×2求出来。

师：如果两盒糖果包成一包，像这样，两盒上下叠放在一起，它的表面指的是？（让学生上台摸一摸）

生：我觉得重叠的面不算表面积了。

设计意图："怎么包才能节约包装纸"就是本节课的核心问题。以学生现实生活中的情境引入，既激发了他们的爱心，又复习了怎么计算一个长方体的表面积，为解决核心问题奠定了知识基础。

环节二：操作思辨，解决问题

1. 摆一摆

师：接着进入4人小组活动，用两个大小一样的长方体代替糖果盒，摆一摆，有几种包装方法？（学生活动，教师巡视）

生：我们组找到两种不同的包装方法。（让学生边摆边说）

1　　　　　　2

生：我要补充，我们找到了四种不同的包装方法。

1　　　　2　　　　3　　　　4

生：方法4和方法1重复了，它们的重合面一样，只是摆的方向不同而已。

师：一共有多少种不同的包装方法呢？

生：三种。

师：那怎样摆才会不重复、不遗漏呢？

生：因为长方体的对面相等，6个面中，有3组相同的面，不同的面就是3个，所以有三种不同的包装方法。

生：其实就是把上下、左右、前后重合。

设计意图：我会先展示遗漏的方法，让学生互评补充，让有不同想法的学生充分表达自己的见解。当有的小组出现三种以上的摆法时，让学生仔细观察，原来这是同一种摆法，重复了。怎样摆才会不重复、不遗漏，多让几个学生说一说，在说的过程中深刻体会有序思考的重要性。

2. 猜一猜

师：猜一猜，这三种包装方法，哪种最节约包装纸？

生：我觉得是方法1，因为最大的面重合在一起，减少了两个最大的面。

师：你们同意他的想法吗？如何验证？

生：可以分别计算出它们的表面积，再对比哪种包装表面积最小。

师：现在动笔算一算。

3. 算一算

师：你是怎么算的？说说你的想法。

生：我是先求出新的长、宽、高，再根据公式来计算。第一种方案最节约包装纸。

生：我的方法和他的不一样，我是先求出一个长方体的表面积，再乘以2，得出两个长方体的表面积，最后减去重合面的面积，也得出方法1最节约包装纸。

师：为什么要减去这两个面？

生：因为这两个面重合在一起了，已经不属于表面了。

4. 议一议

师：同样是两盒糖果，三种不同的包装方法表面积为什么不一样呢？怎么包最节约包装纸呢？

环节三：优化方法，形成策略

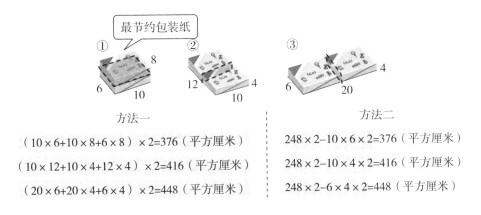

方法一	方法二
（10×6+10×8+6×8）×2=376（平方厘米）	248×2-10×6×2=376（平方厘米）
（10×12+10×4+12×4）×2=416（平方厘米）	248×2-10×4×2=416（平方厘米）
（20×6+20×4+6×4）×2=448（平方厘米）	248×2-6×4×2=448（平方厘米）

师：比一比这两种算法，你觉得哪种算法更容易找出怎么包装最节约包装纸呢？

生：得出新的长、宽、高，不能一眼看出哪种摆法表面积最小，必须把结果算出来才能进行比较。

生：我喜欢减去重合面的方法，看得很清楚，前面部分算的都是两个长方体的表面积之和，是相等的，只需要比较减去部分的重合面的面积。

师：你们发现表面积和重合面的面积有什么关系？

生：重合面越大，表面积越小。

师：为什么会这样？

生：因为两个长方体的表面积都是相等的，只要减去的面积最大，剩下的面积就越小！

师：也就是说，当重合面积最大时，减少的面积最多，得到的表面积就最小，就最节约包装纸，这就是包装的学问。

设计意图：学生通过思考交流，说理表达，自己发现并领悟到了包装的学问。"怎么包才能节约包装纸"的问题就转化成了"怎么拼重合面最大"的问题。

环节四：练习提升，深化应用

师：实际生活中为了运输方便，我们通常把更多盒包装在一起，比如四盒。四盒糖果要怎么包才能节约包装纸呢？

1. 摆一摆

师：我们还是要知道一共有多少种包装方法。

生：我们小组摆出了三种方法，分别是……

生：我们小组有补充……

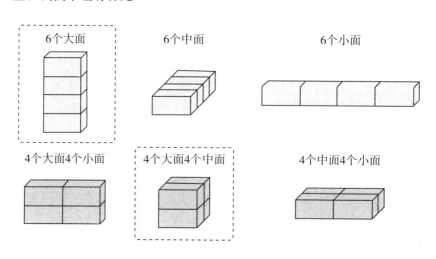

2. 比一比

师：如果不计算，你能用刚才发现的包装的学问直接比较吗？

生：肯定是最大的面重合的方法最节约包装纸，因为减少的面积最多。

生：我不同意你的想法，把最大的面重合的方法只减少了6个面，而下面这种包装方法减少了8个面，我觉得这种方法最节约。

师：说得都很有道理。那要怎么办？

生：我们可以算一算。

师：算什么？

生：只需要计算这6个大面和这4个大面4个中面的大小。

3. 算一算

师：真厉害！学生在比较表达的过程中，实际上把6种摆法分成了两组来比较，每组都选出了一个重合面最大的。现在就是它俩PK了！动笔吧。

师：通过计算得出结论了吗？计算的过程中有什么发现吗？

生：我发现都不需要算这么多面，因为它们都有4个大面可以抵消掉。

师：你能听懂他的想法吗？上来指一指。

生：他的意思是说可以先抵消掉4个大面，实际上只需要比较2个大面和4个中面的大小。

4. 议一议

师：大面重合的这种方法怎么不是最节约的呢？和刚才的发现怎么不一样呢？

生：因为虽然是最大的面重合，但是重合面的数量不是最多的。

师：那我们在包装的时候，除了考虑把最大的面重合之外，还要考虑什么？

生：还要考虑重合面的数量尽量要多。

设计意图：让学生在掌握计算方法的基础上，再次领悟到包装的学问，进一步思考解决问题的策略，这既是对知识的巩固，又是对能力的提升。

5. 说一说

师：你收获了哪些包装的学问？

生：摆的时候要有序思考，才能不重复、不遗漏。

生：包装的时候，既要考虑把面积最大的面重合在一起，也要考虑重合面的数量尽量多。

生：数量多的时候，我们可以进行分组比较。

四、交流、感悟、反思

非常感谢教研员晏老师的指导，这节课的设计一直在改进并逐渐成熟，比如以下环节改动后教学效果明显提升。

1. 导入环节

一开始用一道二单元的练习题复习导入，从复习题到主情境的转换有点不自然。晏老师一直强调我们的教学情境不宜过多，一节好课就是一个情境从始至终。所以把复习导入环节改成了解决"一包糖果盒至少需要多大面积的包装纸"的问题，既复习了求一个长方体的表面积，又自然过渡到两盒糖果怎么包最节约包装纸的问题。

2. 核心问题

在研究两盒糖果怎么包装的问题中，将教学重心从得到把最大的面重合的发现这一结论转移到对比两种算法的优劣，重点理解方法二中减去两个重合面的方法，这种方法直观简单，为后面解决较复杂的问题奠定了基础，而且这也是包装的学问策略形成的关键方法，从而突破本节课的重难点。

3. 巩固提升

在研究四盒糖果怎么包装的问题中，将包装学问的方法策略优化升级（原来两道例题都只关注了把最大面重合这一方面）。在这里，我将课本中例题的数据稍做改变，由于数据的改变，4个大面4个中面的面积比6个大面的面积更大，更节约包装纸，从而让学生在矛盾质疑的探究过程中体会到不仅要考虑将最大的面重合在一起，还要考虑重合面尽可能多，多方面综合考虑才能得出最优的解决方案。

4. 交流总结

在学生经历了两次摆一摆、猜一猜、算一算、比一比活动后，增加说一说的环节，通过一个问题"你收获了哪些包装的学问"交流总结本课，让学生在回顾交流中，提炼归纳自己在探究活动过程中领悟出的包装的学问。

　　通过几次修改试上，发现学生从对包装的学问是什么很模糊到能自己去发现总结出包装的学问，学生也越来越愿意在课堂上质疑思辨，课堂上思维火花在碰撞。有意思的动手操作，有深度的学生对话，让学生在操作对话中玩转数学知识。

"图形中的规律"教学设计

深圳市盐田区田心小学　曾利明

【教学内容】

北师大版小学数学五年级上册"数学好玩——图形中的规律",教科书第97、98页。

【教学目标】

(1)知识与技能:让学生经历直观操作、合作探索的过程,体验发现摆图形的规律的方法。

(2)过程与方法:通过观察、操作、猜测、探索、讨论、概括的教学活动,发展学生合作探究能力、观察思考能力、抽象概括能力。

(3)情感态度与价值观:在观察、猜测中开始,激发孩子的探索欲望;在合作交流中验证,让孩子在学习中体验成功的快乐;在思考和质疑中优化,让孩子形成良好的学习习惯。

【教学重难点】

(1)教学重点:让学生经历一个动手操作、探索发现的过程,找到小棒根数和三角形个数之间的关系。

(2)教学难点:通过操作,能结合图形用算式表达小棒根数和三角形个数的关系,并说出这样列式的算理。

【教具学具准备】

PPT课件、小棒、三角形个数与小棒根数的表格。

【教学过程】

（一）谈话导入，引出问题

1. 激趣谈话，激发思考

同学们，（手举3根小棒）这是什么？（小棒）大家都认识，别小看这些小棒，这些小棒中间有很多的数学知识呢！不信？我出几个与小棒有关的数学问题来考考大家，你们敢来挑战吗？（如果学生的声音不是很响亮，师：听起来好像没什么信心哪，敢不敢挑战？）看来很有信心哪！（请学生回答问题时先选学习水平一般的学生）

师：摆1个三角形需要多少根小棒？

生：3根。

师：2个呢？请一个同学回答。

生：6根。

师：我给他6根小棒，看看他怎么摆。

学生摆出2个单独的三角形。

师：这样一个一个地摆三角形，摆2个三角形要6根。摆3个呢？摆10个呢？你怎么算？（音量从低到高）

生：摆1个三角形需要3根小棒，摆多少个三角形，三角形的个数乘以3就是需要的小棒根数了。

师：是这样计算吗？（理由说得很清楚，声音也很洪亮，掌声送给他）

2. 变式提问，引出问题

师：还有其他可能吗？

生：也可以5根。

师：哟！有不同意见，请你上来摆一摆。（学生在黑板上摆出两个三角形）

师：这种方法有点特别，像他这样摆三角形，摆1个需要多少根小棒？2个呢？（生迟疑一会儿答：5根）3个呢？（师再摆一个）（生思考一会儿答：

7根）（师加快速度问）那6个呢？摆10个三角形呢？看来计算像这样摆10个三角形需要多少根小棒，没有像（手指黑板）单个摆三角形那么简单！（PPT出示问题）像这样摆成一排，摆10个三角形需要多少根小棒？

像这样摆成一排，摆10个三角形需要多少根小棒？

⑭ 一人摆一人记录

⑭ 需要多少根小棒？

⑭ 你们有什么发现？

设计意图： 用学生熟知的小棒，提出极具趣味的问题，制造出认知的冲突，激发学生的求知欲。为学生创设了提出数学问题的情境，顺其自然地提出了本节课的核心问题。

（二）自主探究，同桌合作

1. 先试后教，鼓励创新

师：要研究这个问题，你有什么想法？

生1（可能）：用小棒摆。（师追问：摆几个）（生：10个）

师：这样能算出摆10个三角形需要的小棒根数吗？（可以。）

师：嗯，这是你的想法。谁还有其他的办法？

生2（可能）：需要21根小棒，前面的1根不看，每个三角形需要2根，10个三角形需要20根，加上前面的1根就是21根。

生3（可能）：需要21根小棒，每一个三角形增加2根小棒。

师：哦！他是用算的方法，算得对不对呢？（停一下马上问）谁还有其他的方法？（停顿几秒，如果没有）师接着说：刚才两个同学说了自己的方法。

生4（可能）：我们可以摆几个三角形，看看它们之间有什么规律，找到规律就可以直接计算了。

2. 操作探究，合作交流

师：你们听明白他的方法了吗？他怎么说的？（请一生再说一遍）他说的"它们之间"的规律，这个"它们"是谁和谁呢？（三角形的个数与小棒的根

数）你们觉得这种研究方法怎样？（很好）

师：课前，老师给同桌二人都发了1盒小棒、1张探究纸，下面我们可以同桌二人一起，一个同学动手摆三角形，一个同学在探究纸上记录，一起算一算摆的三角形需要多少根小棒，把算式和结果一起记录在探究纸（手指）这一栏。边摆边算边思考，看看你们有什么发现。

比一比，看哪两个同学最快发现有意义的规律并表示出来。

3. 适时点拨，为学而教

师巡视，对有困难的组给予帮助，用语言调动小组合作探究积极性。如第几小组的同学很棒，边摆边思考并边讨论。对做得比较快的组要问问他们是怎么想的，留意能发现每多摆一个三角形多两根小棒的组。

设计意图：学生通过动手摆一摆，更直观地体验三角形个数和小棒根数之间的关系。同学间的合作培养了学生的沟通协调能力，提升了学生的合作素养。

（三）展示汇报，思想碰撞

师：都研究完了吗？研究完的请举手。大部分同学都研究完了，少部分同学还有点困难，没关系，由于时间问题，我们先把小棒收一收（停顿2秒）。第二小组的同学动作很快，表扬。我们一起来看看几组同学的探究情况。

投影一：（投影探究纸）这张探究纸是张××和李××的。请你们两个上来分享你们是怎么探究的。

生：我们发现需要21根小棒，每增加一个三角形就多两根小棒。

师：你们能否把你们探究的过程从第一个三角形开始，向同学们展示一下你们的探究过程？

设计意图：引导学生不仅要探究出摆10个三角形需要多少根小棒，更重要的是从摆一个三角形开始，逐渐增加三角形个数，找到三角形个数和小棒根数之间的关系。

生：摆1个三角形需要3根小棒，摆2个三角形需要5根小棒，摆3个三角形需要7根小棒……摆10个三角形需要21根小棒。

师：你们听懂了吗？你们还有什么疑问？

生：老师，我觉得有规律。可以先找到规律，计算出来。

师：请你和同桌将你们的探究过程展示一下，一个同学摆，一个同学说。

学生摆第一组三角形，记录需要3根小棒。学生继续摆第二组三角形，记录需要5根小棒，记录算式3+2。

师：3表示什么？2表示什么？（指名举手同学回答）

生：3表示摆第一个三角形需要3根小棒，增加一个三角形需增加2根小棒。

展示学生继续摆第三个三角形，写成3+2+2。

师：同学们有什么想说的？

生：也可以写成3+2×2。

展示学生继续摆第四个三角形，写成3+2+2+2。马上有同学说也可以写成3+2×3。

师指着第一个3问：这个3表示什么？

生：摆第一个三角形需要3根小棒。

师指着第二个3问：这个3表示什么？

生：增加了3个三角形，小棒根数增加3个2。

师问展示学生：10个三角形要多少根小棒？还要摆下去吗？

展示学生：不用摆了，找到了规律，直接算。

师：怎么算？

生：3+2×9。

师问全体学生：有疑问吗？

生：怎么知道要乘以9？

展示学生：增加了9个三角形，所以就要增加9个2根小棒。

师：大家觉得小棒根数与三角形个数之间有没有存在一些规律？有什么规律？（问题提出后）把你想到的规律尝试写在练习本上，并在4人小组中互相说说你发现了什么规律，你是怎样发现的。（指名同学回答）

生：小棒的根数=3+几个2。

另一个学生补充：小棒的根数=3+（三角形个数-1）×2。

师板书后问学生：为什么三角形个数要减1？

生：因为摆第一个三角形需要3根小棒。

设计意图：以学生为中心，为学生搭建展示的平台，通过合作探讨、展示交流，聚焦学生发现问题、提出问题、分析问题、解决问题的过程。

师：刚才几位同学通过摆三角形的过程，发现了三角形个数与小棒根数之间的规律，并条理清晰地把自己的想法表达出来。我们用掌声再次感谢他们。同学们再看看这组同学的想法和刚才的都不一样，你能看得懂吗？你有什么疑问？

根据同学们刚才的探究，说一说你们发现的计算规律。

摆成的图形	三角形的个数	小棒根数
	1	1+2×1
	2	1+2×2
	3	1+2×3
	4	1+2×4
…	…	…
	10	1+2×10

设计意图：学生通过动手操作加深体验，合作交流，多方法的解决思路，拓宽了思维，进一步掌握用数和形相结合的办法找规律解决问题，不同层次地体验到成功的喜悦。

（四）分享方法，质疑辨析

师：刚才发言的同学眼光独到，而且善于表达。请把掌声送给他们。除了上面几种算法，还有同学想到了其他方法，这组同学做的你能看懂吗？

摆成的图形	三角形的个数	小棒根数
	1	3×1
	2	3×2-1
	3	3×3-2
	4	3×4-3
…	…	…
	10	3×10-9

先认真看看，同桌交流。尝试提出你的疑问。（师组织学生进行讨论、辨析）

（五）拓展练习，小结提升

师：同学们真爱动脑筋，通过动手摆、动脑想，探索出三种计算小棒根数的方法。我们一起来梳理一下。（PPT展示三种方法，注意展示中要提问：数字分别代表什么意思）

刚才，同学们的探索热情很高，探索出了多种方法，现在老师要考考你们，请你准备好练习本，在练习本上快速计算出摆20个三角形需要多少根小棒？比一比看看谁最快！

〔$3+（20-1）×2=3+19×2=41$ 或 $20×2+1=41$〕

师巡视，挑出几个写得快的学生到黑板板书，让学生说说他们算式中的数字各代表什么意思。

师：如果这样摆32个三角形要几根小棒呢？（$32×2+1=65$）

让学生思考，写下算式，并说说自己的想法。

师：刚才，我们都是已知三角形的个数，计算需要多少根小棒。（PPT展示题目）淘气用37个小棒像这样摆了一些三角形（PPT），他摆了几个三角形呢？会算吗？马上在练习本上算一算。

（37-1）÷2　　　　　　　　　　　（37-3）÷（2+1）

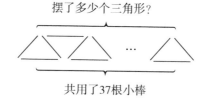

摆了多少个三角形？

共用了37根小棒

老师边投影学生的本子，边让学生说说算式的意思。

学生说完，问还有疑问吗？师：算得对不对呢？怎么去验算？〔有时间，可以追问：（37-1）÷2为什么要减1；（37-3）÷（2+1）为什么要减3，为什么要加1？〕

（六）反思梳理，课堂总结

这节课你有什么收获？

生：学会了通过摆三角形找到计算小棒的方法。

师：你能介绍其中的一种方法吗？

生：摆1个三角形需要3根小棒，增加1个三角形就需要增加2根小棒，所以小棒的根数=3+（三角形个数–1）×2。

师：像这样通过小组合作去操作、探索的过程你喜欢吗？还有什么收获？

生：我们不仅可以用小棒摆三角形，还可以用小棒摆正方形，它的规律也和三角形的规律一样。

师：真是非常有智慧的孩子，不仅将今天摆三角形的问题研究明白了，还思考延伸到正方形。今天我们通过摆小棒，（手指板书）经历了探索三角形个数与小棒根数之间的规律的过程，掌握了探索规律的方法。我们还可以用今天学习的方法探索正方形个数与小棒根数之间的规律（PPT），这个问题大家课后去研究。

像这样摆成一排，怎么计算小棒根数呢？

看来，我们可以用小棒研究许多图形中的规律（边说边出课题）。今天我们的课结束，谢谢同学们，我们下课了。

【课后作业】

用今天学习的方法探索正方形个数与小棒根数之间的规律。

设计意图：将数学课堂从教室空间延伸至家庭，将数学知识从三角形拓展到多边形。激发学生不断探索的欲望，培养学生的知识迁移能力和创新思维。

"最喜欢的水果"教学设计

深圳市盐田区田心小学　刘朝云

【教学目标】

（1）在现实情境中体现统计调查的必要性。

（2）经历调查、统计的过程，体验用自己的方式以及选择最优方案记录整理数据。

（3）根据记录的数据，能提出数学问题，解决简单的问题，并能提出决策建议。

【教学重难点】

（1）教学重点：经历统计的过程，掌握统计的方法。

（2）教学难点：经历调查、统计的过程，体验用自己的方式以及选择最优方案记录整理数据，积累活动经验。

【教学理念】

数学教学应根据实际情况合理地运用现代信息技术，注意信息技术与教学内容的整合，用现代化的技术手段让学生经历在实际问题中收集和处理数据、整理和分析数据的过程，掌握一些简单的数据处理技能，把现代信息技术作为学生学习数学和解决问题的有力工具，有效地改进教与学的方式，使学生愿意走进数学活动中。

【教学资源开发与利用】

未来教室功能（纸笔交互、答题器），课件，投票调查纸。

【教学过程】

（一）创设情境，谈话引入

同学们，（出示亲子活动场景照片）这是二（4）班举行的一次班级亲子活动。看，比赛好激烈哦！再来一张特写！玩累了，爸爸妈妈们准备了丰富的食物，他们吃得好开心哪！要不，我们班也举行一次这样的亲子活动好不好？

师：亲子活动都会准备一些水果，如果买这4种水果：苹果、橙子、香蕉和梨（课件出示水果图片），你最喜欢吃哪一种水果呢？（贴板书：最喜欢的水果）

生1：喜欢吃橙子。

师：这是你的喜好。谁还想说？

生2：喜欢吃苹果和香蕉。

师：他这样回答可以吗？（不可以）为什么呢？（老师问最喜欢哪一种水果，只能选一种）

师：是这样吗？（是）你听懂了老师的问题，很好！

师：老师问的是你最喜欢吃哪一种水果，所以每个同学只能选一种水果哦。谁还想告诉大家你最喜欢吃哪一种水果？

师：看来，大家各有各的喜欢，那么应该怎么去买水果呢？哪一种多买些，哪一种少买些呢？

（贴板书：应该怎么去买水果呢？哪一种多买些，哪一种少买些）

预设一：

生：哪种水果喜欢吃的人数最多我们就多买，喜欢吃的人数少就少买点。

师：这个建议怎样？他是怎么说的？谁再来说一遍？

预设二：

生：我觉得……买最多，因为有营养，因为我最喜欢……

师：你是从水果保存（营养）的角度提的建议，今天我们讨论的是从喜欢的角度去买水果。

生：要给全班同学买水果，哪种水果喜欢吃的人数多就多买，哪种水果喜欢吃的人数少就少买。

师：根据全班同学的喜好来决定怎样买水果，那怎样才能知道哪种水果喜欢吃的人比较多，哪种比较少呢？

生：进行投票，在自己最喜欢的水果上面打"√"，记录下来看看每种水果喜欢吃的人数是多少，就可以知道哪种水果喜欢吃的人数最多、哪种最少。

师：他的意思是投票调查，就可以知道哪种水果喜欢吃的人最多，哪种水果喜欢吃的人最少，是这样吗？

除了投票调查外，还可以用什么方式调查呢？

生：可以问问喜欢吃哪种水果的同学举手，然后记录下人数。

师：你的意思是用举手方法调查每种水果喜欢吃的人数。大家说可以吗？

生（齐）：可以。

设计意图：创设学生熟悉的生活情境"亲子活动"，顺势提出情境中遇到购买水果的问题，贴近学生的生活实际，激发学生学习的兴趣，贯彻"生活即教育，教育即生活，环境即课程"的教育理念，并让学生感受到生活中处处有数学问题，感受数学的魅力，同时让学生感受调查统计活动的意义，体现统计调查的必要性。

（二）探索交流，构建新知

师：刚才同学们想到了用举手和投选票的方法来统计每种水果喜欢吃的人数，我们现在先用举手的方法来调查一下。

1. 经历过程，记录数据

活动一：探究举手调查方式

师：举手调查（贴板书：举手调查），我们首先要做什么？然后要做什么？接着要做什么？最后要做什么？

生1：先提问同学们喜欢吃哪种水果，再举手，数一数举手的人数，看看哪一种最多。

师：其他同学还有什么建议或补充？

师：我们一起来梳理一下举手调查的过程，举手调查首先要干吗？（提问）提问之后呢？（举手）然后呢？（数一数有多少人举手）最后呢？（记录

有多少人举手）（引导全班学生回顾梳理举手调查的过程，边回顾边PPT演示步骤）

师：都清楚了吗？好了！我们现在就开始举手调查了。请两名同学来主持举手调查，谁愿意来主持？

师：××同学你负责提问，知道怎样提问吗？××同学你负责数数和记录。明白了吗？

师：准备好了吗？现在开始举手投票，主持人声音大点让全班同学都听到，好吗？

（学生组织举手调查，喜欢吃苹果的请举手，喜欢梨的请举手……）

师：两位主持人组织有序，同学们配合默契，真棒！

师：结果出来了，这个结果有没有问题？怎样验证呢？

预设一：验证正确，刚才我们学会了怎样进行举手调查。还有同学说可以用投票调查方式（贴板书：投票）。

预设二：验证不正确，大家觉得出现了什么问题？（有人多举了两次手或少举了一次手）没听清楚问题，对吗？看来我们做任何事情一定要细心、认真！刚才还有同学说可以用投票调查方式。

设计意图：举手调查是生活中最常用的调查方法，因此让学生自己去发现并组织举手调查整个过程，且对统计的结果进行分析，有利于发展学生的数据分析观念和解决问题的能力，同时学生在活动中学会与人合作，发展学生学习能力，提高学习兴趣，进一步了解到举手调查的优缺点，为后面探究投票调查做好铺垫。

活动二：探索投票调查方式

师：你觉得投票调查先要做什么？然后要做什么？最后要做什么呢？

生：我觉得先要填选票，然后数出每一种水果的票数，看看哪种水果的票数最多。

师：谁还有补充吗？

师：我们一起来梳理一下投票调查的过程，我们先填选票，在自己喜欢的水果下面打"√"。填完选票，下一步怎么办呢？（统计/记录/数数每种水果对应的人数）怎样统计（或数出）每种水果喜欢的人数呢？

师：我告诉大家，统计票数一般是一人唱票一人记录（贴板书：记录）这种水果喜欢的人数。（课件出示投票的流程）

师：都清楚了吗？投票调查马上开始了，我现在把选票发给大家，请选出你最喜欢的一种水果，在下面的方框里打"√"，看看哪个小组完成得又准确又快。

师：接下来我负责唱票，你们负责记录，我们分工合作，好吗？（好）想一想：你准备用什么方法来记录唱票？

师：都想到好方法了吗？老师开始唱票了，橙子、香蕉、梨、苹果（唱前三种慢而匀速，后面快）（巡视记录情况）

生：老师，你唱得太快了！

师：怎么啦？有什么困难吗？

设计意图：投票调查的过程对于二年级学生是比较陌生的，在老师的引导和组织下，学生明确投票调查的步骤，保证下面探究记录的方式能顺利开展，师生合作，教学相长。引导有困难的学生思考、解决问题，同时了解学生生成的资源。

2. 全班交流，分享方法

让学生展示自己的记录过程和结果。

展示一：文字记录（或全画图）

师：哦！你觉得念得太快了，来不及记录，是吗？他是怎样记录的呢？我们一起来看看。（展示：利用纸笔交互显示文字记录的过程）

师：他是怎样记录的？你们觉得他这样记录怎样？（缺点：要写很多字，太慢了。优点：清晰准确）

设计意图：有目的地控制唱票的速度，当学生使用文字或画图的记录方式跟不上时，使用其他方式记录的可以顺利地记录下来，形成教学矛盾，利用信息技术把学生的记录过程呈现在屏幕上，让所有学生都能直观形象地观察到同学们的记录方法，更能呈现出学生的思维方式，有利于学生形成对比。

展示二：图形记录（有则展示，没有则不用展示）

师：谁有更快的记录方法呢？（展示：图案记录）

师：奇怪，咦！都没有看到水果，这些图案是什么意思呢？你上来解释一下好吗？（学生上台讲解，利用纸笔交互播放图案记录的过程）大家还有疑问吗？

师：与用文字记录相比，你觉得哪一种更好，好在哪里？

设计意图：用文字记录方式文字多学生写得慢、跟不上，对比图形的记录方式更能显现出它们的优劣，图形记录用不同的符号来代表喜欢的水果记得快，但不能很快看出数据，很难看出每种图形对应哪种水果。

展示三：竖线记录或打钩记录

师：谁还有不同的记录方法呢？（展示：用竖线的记录方法）

师：这是他的记录方法，来，跟同学们解释一下。（学生讲并播放记录的过程）

师：大家还有疑问吗？（那5竖代表什么？）

师：与（文字或图形）记录相比，你觉得哪一种方法更好，好在哪里？（利用对比功能将竖线记录或打钩记录与文字或图片记录的方法同屏对比）

设计意图：图形记录记得快，但不能很快看出数据，很难看出每种图形对应哪种水果。竖线记录方式更能显现出它们的优势，竖线记录用画竖线代表喜欢的水果，记得快，统计数据更为方便。

展示四："正"字记录

师：我们再来看看这位同学的记录方法。（展示：用"正"字的记录方法）

师：大家看得明白吗？谁来解释一下？（学生讲并播放记录的过程）

生：一个"正"字有5笔，代表5个人，可以用乘法口诀，很快就能算出人数。

师：与竖线记录或打钩记录相比，你觉得哪一种方法更好，好在哪里？（学生说）（利用对比功能将竖线记录或打钩记录与"正"字记录的方法同屏对比）

设计意图：利用信息技术，把学生的记录过程呈现在屏幕上，通过控制播放的速度与学生述述相结合，让所有学生都能直观形象地观察到其他同学的记录方法，呈现出学生的思维方式，更容易统计数据。

3. 统计数据，解决问题

师：现在，如果我们再来唱一次票，让你们选一种记录方法，你准备选哪一种记录方法？说说你的理由。（点两个学生说一说）

师：好了，准备唱票了，选好自己喜欢的记录方法了吗？这一次能记录准确吗？（能）好！开始唱票了！（唱票匀速，稍慢）

师：都记下来了吗？真棒！看这个同学，她记录得简洁又工整，她用了哪种方法记录？（屏幕任意选不同学生的记录结果，利用放大聚焦批注功能进行分析查看）

师：我们把每一种水果最喜欢的人数写在后面。最喜欢苹果的有（　　）人，最喜欢橙子的有（　　）人……

师：现在，你们觉得我们班这次亲子活动应该怎么买水果？哪种水果要多买一些，哪种水果要少买一些？说说你的理由。

设计意图：通过最优记录的对比，学生能选择自己喜欢的记录方式，再重新进行唱票，前后两次之间的对比，学以致用，让学生享受到学习的优越感，增强他们的信心，用学生自己记录的方法解决书本上的问题，并让学生根据所得到的结果提出买水果的建议。

（三）活动巩固，拓展提升

师：调查与记录，在生活中经常用到，比如用它来评选这节课的"学习之星"，我们一起来评一评好不好？怎样评选本节课的学习之星呢？我们先来看看规则（课件出示规则）。先给大家1分钟的时间，在组长的组织下用举手的方式选出1名你们小组的"学习之星"，只能选1名哦！选好的小组请举手，比一比看哪组最快选好，开始！

师：都选好了，掌声欢迎5名小组"学习之星"上台！我们用字母A、B、C、D、E代表他们，接下来，要用答题器投票，从这5名小组"学习之星"中选出1名本节课全班的"学习之星"，如果你认为谁表现最棒，请你在答题器上按与他对应的字母投票，明白吗？举个例子，假如你认为××同学表现最棒，你应该按哪个字母？（B）对了！明白了吗？好！投票开始！

师：同学们，随着信息技术的发展，调查方式也变得越来越简单、便捷，刚才你们按下答题器的那一瞬间，你选定的"学习之星"就通过信号方式发送到电脑上，电脑已经统计出来每一个候选人获得的票数，我们一起来看看。

师：看一看他们各有几票？（快速截屏放大屏幕，显示每个候选人的票数，并利用旋转呈现条形统计图）

师：所以，我们这节课的"学习之星"是（　　　），恭喜你！请接受奖品！其实，我觉得这节课你们每个人都表现得很棒！每个人都是老师心中的"学习之星"！

设计意图：结合数学课学生的表现创设评选"学习之星"的情境作为这节课的练习环节，先小组进行举手调查选出小组"学习之星"，进一步巩固举手调查的方式，激发学生的学习欲望。选出5名候选人，再通过信息技术让学生用答题器进行投票，体现出调查方式的简单、便捷。通过截图功能得出选票的结果，让学生初步接触条形统计的知识。

（四）总结全课，分享收获

师：同学们，愉快的时光总是过得这么快，马上要下课了，这节课，你对自己的表现满意吗？你有什么收获想与大家分享呢？

设计意图：让学生先对自己在这节课的收获进行评价，再把自己的收获分享给同学，总结本课所学，也可以锻炼学生的表达能力。

【课后作业】

课本第89页第1题、第2题。

【板书设计】

最喜欢的水果

应该怎么去买水果呢？

举手
　　　调查记录解决问题
投票

"分数乘法（三）"教学设计

深圳市盐田区林园小学　姚琳玲

一、初步感知，借图引义

师：我国古代的著名哲学著作《庄子·天下》中有言："一尺之棰，日取其半，万世不竭。"能说说你们的理解吗？

生：意思是"一尺长的木棍，每天截取一半，永远也截不完"。

（为了更好地引起学生对分数乘分数意义的思考，课前设置了前置预习任务，请学生用折一折或画一画的办法来说说对这句话的理解。根据学生的反馈，绝大多数同学都能用折纸的办法尝试，还有同学拍成了小视频，也有同学用画图来直观呈现的，见下图）

设计意图：采用古文哲理的语言引入对数学问题的思考，可以让学生深刻地体悟到数学与生活的紧密联系，感受中华文化的神韵；在这个环节设置前置预习，既能给学生提前思考的时间和空间，也能给学生对这节课所学内容进行铺垫预热。

二、直观释义，看图说话

（通过学生作品的展示，可以非常直观地发现，每一次截取时，前一次截取的结果成为下一次截取的整体，单位"1"的变化是关键。有了之前分数乘整数的学习基础，接下来请学生尝试用数学算式来表达。由于线上教学没有面对面的沟通渠道，所以评论区和语音连线的讨论方式非常实用）

师：按照你们的理解，假设一张纸条，每次截取它的 $\frac{1}{2}$，剩下的部分占这张纸的几分之几呢？

生1：请大家看我画的图（见下图），我可以假设这张纸条原长为1，第一次截取一半，就是取它的 $\frac{1}{2}$，那就是1的 $\frac{1}{2}$，根据我们上节课所学知识可以用 $1 \times \frac{1}{2}$ 来表示，也就是剩下 $\frac{1}{2}$。

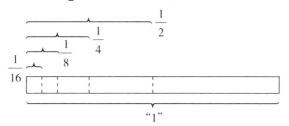

生2：第二次截取的时候，我们可以发现单位"1"变化了，变成了上一次剩下的 $\frac{1}{2}$，所以是取 $\frac{1}{2}$ 的 $\frac{1}{2}$，也就是 $\frac{1}{2} \times \frac{1}{2}$，是 $\frac{1}{4}$。

生3：我有个疑问，不是只取了一半吗？为什么是 $\frac{1}{4}$ 呢？

生4：这个问题我来回答，虽然我们每次的单位"1"都发生了变化，但是纸条本身的长度已经不是"1"了，它已经在第一次截取的时候只剩下 $\frac{1}{2}$，所以我们第二次的截取是在这个剩下的 $\frac{1}{2}$ 基础上进行的，也就是 $\frac{1}{4}$ 了。

生3：我懂了，那再截一次就是 $\frac{1}{4}$ 的 $\frac{1}{2}$，用 $\frac{1}{4} \times \frac{1}{2}$，可是结果我不知道了，谁能帮帮我？

生5：我觉得是 $\frac{1}{8}$，你看假设1看作 $\frac{1}{1}$ 的话，分母每次都会扩大2倍。

师：同学们，你们觉得呢？

生2：结果是 $\frac{1}{8}$，我赞同，但是这样解释对吗？

师：请同学们来看看屏幕中的演示，我们将 $\frac{1}{4}$ 截取一半，剩下的是 $\frac{1}{4}$ 的另一半，老师通过虚影呈现出纸条原有的样子，你们数一数，其实纸条被平均分成了多少份呢？

生4：我明白了，就像刚才的那位同学所说，我们将 $\frac{1}{4}$ 平均分成了2份，这张纸条有4个 $\frac{1}{4}$，也就是一共平均分成了8份，取1份。只需要两个分母相乘就行。

师：那么分子呢？你是如何理解的呢？

生1：分子都是1，因为是一个分数单位，取一个分数单位的一半，会变成另一个分数单位。这个从刚才那幅图上也可以直观地看出来。

生2：我们每次截取 $\frac{1}{2}$ 后，还会剩下另一个 $\frac{1}{2}$，所以说纸条是截不完的。

（课堂进行到这里，尽管没有直接阐明求一个分数的几分之几可以用分数乘法来表示这样的语言，但是经过这番讨论，学生心中已经初步构建了分数乘分数的意义框架。接下来需要进一步地丰满）

设计意图：在这里，通过在线课堂中的评论区和语音连线功能可以将学生的观点呈现给全体，在提问、解疑中使学生来明晰分数单位乘分数单位的意义。这里老师并没有过多地介入学生的讨论，只是在适当的时候予以点拨，通过动态呈现的方式，借助图形直观的特点，让学生看清结果是如何得来的，引导学生初步感知分数单位乘分数单位的积仍然是一个分数单位。

三、动手尝试，绘图明理

（有了前面累积的经验，下一步进入本节课的难点部分，着重于探索分数乘分数的计算方法）

问题：$\dfrac{3}{4} \times \dfrac{1}{4} = ?$

师：你们是怎么理解这个算式的呢？

生1：就是想知道 $\dfrac{3}{4}$ 的 $\dfrac{1}{4}$ 是多少。

师：能猜测一下结果可能是多少吗？

生1：我觉得可能会是 $\dfrac{3}{8}$。

生2：我认为是 $\dfrac{3}{16}$。

（在这里可以借猜测来了解学生的掌握层次，并不是所有的学生都是从零开始，但是很多学生会存在概念混淆或模糊的情况，通过猜测的方式发现学生的错误点，以此作为教学素材或教学起点帮助学生更好地厘清道理）

师：接下来，请大家用折一折或画一画的方式验证一下你们的猜测吧。

（在线课堂的评论区确实接收到了很多学生的提问和疑惑，这个环节是较难的部分，学生不会是自然的，但是有了前面的猜想和独立思考，带着疑问进行学习，效果肯定不同）

师：有没有同学说一说自己的想法或者疑惑呢？

生1：我先画这张纸的 $\dfrac{3}{4}$，也就是将这张纸平均分成4份涂出其中的3份，再将已经涂出来的 $\dfrac{3}{4}$ 又平均分成4份，涂出其中的1份，然后我数了，一共是平均分成12份，涂红色部分的占3份，所以结果是 $\dfrac{3}{12}$。像这样（见下图）：

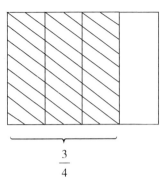 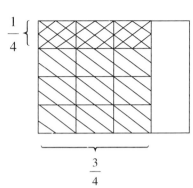

生2：老师，我和他的画法是一样的，但是我觉得结果不对。$\frac{3}{12}$ 就是 $\frac{1}{4}$，但是从图上看，并不是 $\frac{1}{4}$。

生3：我发现问题了，刚才两位同学得出的 $\frac{3}{12}$ 是从阴影部分内去看的，原本这张纸还有 $\frac{1}{4}$ 不能忽略，应该从整体去看。

生4：请大家看看我的方法（见下图），这样对吗？

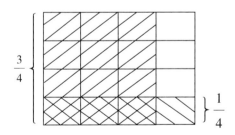

师：同学们，这位同学的画法有什么问题呢？

生5：我发现问题了，她虽然画出了 $\frac{1}{4}$，但是画多了。我们这里主要是算 $\frac{3}{4}$ 的 $\frac{1}{4}$ 是多少，范围应该是在 $\frac{3}{4}$ 的阴影中去取 $\frac{1}{4}$，最终看第二次涂阴影部分占整体的几分之几。这里的单位"1"是这整张纸。

生6：请大家看我的图（见下图），我先将一张纸平均分成4份，涂出其中的3份表示这张纸的 $\dfrac{3}{4}$，再把这张纸的 $\dfrac{3}{4}$ 平均分成4份，涂出其中的1份，表示 $\dfrac{3}{4}$

的 $\dfrac{1}{4}$，也就是将这整张纸平均分成16份，涂出其中的3份，所以 $\dfrac{3}{4} \times \dfrac{1}{4} = \dfrac{3}{16}$。

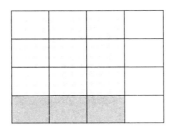

生1：我有一种想法，是不是分数乘分数就是分母乘分母，分子乘分子这样来算呢？

设计意图：通过动手操作实践活动，化抽象为具体，充分利用图形直观的特点引导学生理解分数乘分数的意义，探究分数乘分数的计算方法。重视将操作过程、面积模型和抽象算式相结合，也为后面学生进行归纳总结分数乘分数的计算方法提供了素材。

四、举一反三，巩固提炼

师：同学们，你们是否也有这样的猜想呢？接下来请大家继续用画图的办法试着先完成下面的两道题。

$$\dfrac{1}{4} \times \dfrac{2}{3} = \qquad\qquad\qquad \dfrac{3}{5} \times \dfrac{5}{6} =$$

设计意图：由一道题得出来的不能算结论，而是一种猜想的过程，因此要多列举进行证明其猜想的可靠性。因此按照猜想的方法尝试，让学生通过画图来证明猜想是否正确。

师：大家来说说吧！

生1：我是这样画的（见下图），将一图形平均分成4份，涂出其中的1份，再将 $\dfrac{1}{4}$ 平均分成3份，涂出其中的2份，但是要注意第二次平均分的时候，要对整张纸都平均分，最后整张纸平均分成12份，涂出其中的2份，所以 $\frac{1}{4} \times \frac{2}{3} = \frac{2}{12} = \frac{1}{6}$。

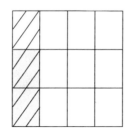

$$\frac{1}{4} \times \frac{2}{3} = \frac{2}{12} = \frac{1}{6}$$

生2：根据我的图（见下图），先将一个长方形平均分成5份，涂出其中的3份，再将 $\frac{3}{5}$ 平均分成6份，涂出其中的5份，最后整张纸平均分成30份，涂出其中的15份，所以 $\frac{3}{5} \times \frac{5}{6} = \frac{15}{30} = \frac{1}{2}$。

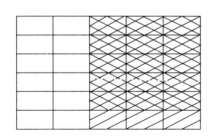

$$\frac{3}{5} \times \frac{5}{6} = \frac{15}{30} = \frac{1}{2}$$

（有了前面的实践经验，通过模仿，大部分学生都能够借助画图的办法得出结果，通过课堂评论区分享了自己的想法。此时，学生借助图形直观的特点积累了很丰富的感性素材，教师需要适时地引导学生进行理性观察，实现质的飞跃）

师：经过前面的学习，我们知道画图策略可以很好地帮助我们解决分数乘分数的问题，那么，这其中是否藏有什么规律呢？

生1：我发现了，$\frac{3}{4} \times \frac{1}{4} = \frac{3}{16}$ 就是分母乘分母、分子乘分子得出来的。就像这样：$\frac{3}{4} \times \frac{1}{4} = \frac{3 \times 1}{4 \times 4} = \frac{3}{16}$。其他几个算式也是这样的。

生2：是的，就像一开始"一尺之棰，日取其半"也是这样的，$\frac{1}{4} \times \frac{1}{2} = \frac{1 \times 1}{4 \times 2} = \frac{1}{8}$。

师：这是不是就刚好验证了同学们的猜想呢？通过归纳总结，我们发现在计算分数乘分数时，可以将分母相乘的积作分母，分子相乘的积作分子。

设计意图： 由于积累了足够多的感性经验，学生通过观察可以很顺利地总结归纳出计算方法是分母乘分母、分子乘分子。由于学生的思维差异，本环节采用了学习小组合作讨论的方法，让学生在合作交流中经历观察、探究、思考及发现的过程，使之不仅知其然，还知其所以然。

…………

【课后思考】

这节课在整个单元来说都是一个重点和难点，是为后续分数除法、分数的混合运算以及百分数的相关知识奠定基础，特别是如何让学生在探究算理和算法的过程中增强体悟，更是这节课需要突破的难点。很多教师误解计算课就是告诉学生怎么计算然后不断地反复练习巩固，加深印象就行，其实对于算理的明晰也是至关重要的。数形结合思想在明晰算理的过程中是很常见的一种数学思想，如三年级学习两位数乘两位数时使用的"点阵图"，就是数形结合思想的一种体现。学生知其然并知其所以然，才能更好地帮助他们读懂算法，会用算法，再进行练习巩固自然更好。通过线上提交的作业反馈来看，画图策略还是很好地帮助学生梳理了分数乘分数的算理和算法，特别是通过用面积模型的方式，在脑中留下图形直观的深刻印象，通过操作进而总结算法比灌输式的记忆要深刻得多，对学生运算能力的提升也有帮助。只是在线上教学阶段，由于缺乏面对面的直接沟通交流，对于学生掌握的真实水平则需要课后用更多的方式来检测与反馈。

"三角形的分类"教学案例

深圳市盐田区外国语小学　胡婉茹

【教具学具准备】

超脑麦斯扣条，平板电脑，课件。

【教学过程】

（一）结合生成成果，直接引入

师：（展示学生预习后分类的照片）昨天我们观看了微课，并尝试对九个三角形进行了分类，这是同学们昨晚预习的分类成果，猜猜这几个同学是怎么分的？

生1：图1是按照有没有直角来划分的，把三角形中有直角的分为一类，没有直角的放在另一类。

生2：图2是把三条边都相等的放一起，三条边不是全部相等的放在另一边。

生3：但是没有直角的那一堆三角形中，也有区别，有的又大又扁，有的角没有那么大。

生4：三条边不全相等的那一部分三角形中也不完全一样，似乎有的三角形有两边是完全相等的。

师：看来同学们有的按角分，有的按边长分，但大家似乎对这两个同学的分法还有完善与补充，那就请你们小组合作，再试试看，给这九个三角形分分类吧。

设计意图：借助学生的生成性素材，激发学生的学习积极性和探究乐趣，同时通过呈现大家的典型代表案例，引发思维碰撞，聚焦下一步探究方向：三角形分类时，既可以按角分，也可以按边分。

（二）小组合作，探究新知

你们都是怎么分的？小组内分一分、说一说。

1. 活动要求

（1）先独立完成对九个三角形的分类。

（2）和组员说说你是怎么分的，为什么这样分？

2. 学生活动

小组内对三角形进行分类，并交流分法。

设计意图：通过小组讨论，头脑风暴，互相启发，寻找分类依据和标准，通过对彼此分类成果的评价和判断，不断完善各类三角形的定义，借助彼此之间的差异和矛盾，找到自己的认知误区，为下一步难点和易错点突破做铺垫。

（三）交流汇报，深化理解

师：哪一组愿意和大家分享你们的分类成果？

1. 按角分

生：我们是按角分的，借助三角尺和量角器工具，我们把三角形中有一个直角的三角形分为一类。

剩下的三角形中，有的三角形有钝角，我们把它分为一类；没有钝角的放在另一类。总共分成了三类。

师：你能给你分的这三类三角形分别起个名字吗？

生：有直角的叫"直角三角形"，有钝角的叫"钝角三角形"，既没有直角又没有钝角的，用量角器量后是锐角的，叫作"锐角三角形"。

师：我大概明白了，你是借助量角器按角分的，对于这种分法，大家还有没有什么意见或补充呢？直角三角形里三个角都是直角吗？怎样的三角形称为钝角三角形呢？锐角三角形又都有什么共同特征？

生：有一个角是直角的三角形，我们叫它直角三角形。

有一个角是钝角的三角形，我们叫它钝角三角形。

三个角都是锐角的三角形，我们叫它锐角三角形。

生：我还有补充，直角三角形、钝角三角形只含有一个直角或钝角，其余的角都是锐角。

生：对的，直角三角形和钝角三角形均有两个锐角，因为三角形内角和是180°，直角三角形已经有一个直角了，另外两个角加起来是90°，所以这两个角都得是锐角。

生：钝角三角形，已经有一个大于90°的钝角了，所以剩下两个角加起来还不到90°，也只能都是锐角。

师：大家说得真好，不能只看表面名称，误认为钝角三角形内都是钝角，一定要清楚每种三角形中角的种类。钝角三角形、直角三角形中特殊角只有一个，其余都是锐角。

生：但锐角三角形中，则是三个角都必须是锐角，它的特征很特别。

钝角个数	直角个数	锐角个数	名称
1	0	2	钝角三角形
0	1	2	直角三角形
0	0	3	锐角三角形

师：发现过程很重要，总结经验更重要，请大家把自己按角分的发现总结在智慧卡里吧。

2. 按边分

师：刚才我们根据三角形角的大小将它们分成了三类，除此之外，还有没有别的分法呢？

生：我们还可以按边分，借助直尺的测量、学具的折叠和比较，可以把三条边都相等的三角形分为一类，有两条边相等的三角形分为一类，三条边都不一样长的三角形分成一类。

生：依据三角形边的特点，我们也可以给每一类三角形分别取一个名字。

等边三角形　　　等腰三角形

三条边都相等的三角形叫作"等边三角形"。

两条边相等的三角形叫作"等腰三角形"。

师：（播放动画，介绍等腰三角形）等腰三角形中，两条相等的边叫作等腰三角形的腰，两腰所夹的角叫作等腰三角形的顶角，剩下的两个角叫作底角。

师：仔细观察等腰三角形和等边三角形的特征，它们之间有什么联系？

生：等边三角形一定等腰，所以等边三角形是特殊的等腰三角形。

设计意图：通过集体交流，互相补充和纠正，明晰三角形分类标准，总结不同类别三角形的特点，强化易错点，纠正思维误区和忽略处，使数学学习更加严谨。

（四）练习巩固，加深掌握

分析评价学生课前作品，进行反馈练习。

（平板电脑出示学生自学后初步尝试分类的学习成果照片，请学生再利用课堂的知识检验是否分类正确，是按照什么标准分类的。借助生成资源进一步攻破三角形分类方法的教学难点，加深学生对不同种类三角形特征的理解，检测学生通过课堂讨论交流是否能够按照三角形内角的大小、边的长短对三角形进行分类，同时利用学生自己的成果作为练习题，激发学生的学习兴趣和参与度）

师：（平板电脑推送一个学生的分类成果图片）他分对了吗？你能猜出他是怎么分的吗？

学生评价、补充、完善。

师：（平板电脑截取钝角等腰三角形和直角等腰三角形图片）这两个三角形属于哪一类呢？你是怎么想的？

生：有一个角是钝角，它可以分到钝角三角形家族，但同时它有两条相等的边，也可以分到等腰三角形家族。

师：看来同一个三角形按照不同的标准可以有不同的命名，我们把同时具备以上两种特征的三角形叫作钝角等腰三角形。

生：第二个三角形，我们按照角划分，它有一个直角，是直角三角形，从边的角度看，它有两条相等的边，属于等腰三角形，它同时具备直角三角形和等腰三角形的特征，我们可以把它叫作直角等腰三角形。

趣味游戏：

第一关：宝贝猜猜看

（动画制作一点点将三角形从信封中拉出来的效果，学生根据动画一点点猜，并说说猜图依据）

借助你得到的智慧卡，猜一猜被信封遮住的可能是什么三角形？

师：说说你是怎么猜的？

生：根据露出的角是直角或钝角判断出它们是钝角三角形还是直角三角形。

生：锐角三角形需要三个角都是锐角，我们不能只根据其中一个角或两个角进行判断。

（游戏和之前得到的智慧卡相结合，在闯关的过程中，再一次巩固不同三角形的特征，它们之间的共同点以及区别，明晰锐角三角形需要满足三个角都是锐角）

第二关：小小剪裁家

（学生利用平板电脑剪切功能，在平板电脑上进行切割、旋转、拼比或者度量，从正方形剪出的直角等腰三角形中发现直角等腰三角形的两个底角相等，是45°，同时利用平板电脑拼割的技术，形成直观认识，为今后学习面积计算和割补做好铺垫）

（1）在一张长方形的纸上，怎么剪出一个等腰三角形？

（2）沿着正方形的对角线可以剪出什么三角形？

第三关：小博士都会做

（利用平板电脑的数据统计功能，在学生完成练习后反馈正确率，检测学生的课堂知识掌握情况）

（1）有一个角是直角的三角形是直角三角形。（　　　　）

（2）有一个角是锐角的三角形一定是锐角三角形。（　　　　）

（3）有一个角是钝角的三角形一定是钝角三角形。（　　　　）

（4）直角三角形不可能是等腰三角形。（　　　　）

（5）三条边都相等的三角形一定是锐角三角形。（　　　　）

（6）等边三角形一定是等腰三角形。（　　　　）

（7）等腰三角形一定是锐角三角形。（　　　　）

超级变变变：借助超脑麦斯学具，用今天学过的几种三角形设计出一个新的图案。

设计意图：通过游戏等多种形式夯实知识，加深学生对知识的理解，同时强化易错点、难点和重点，对易混淆概念进行辨析和强调。

在活动中体验，在体验中建构

深圳市盐田区盐港小学　陈　琳

苏联著名教育家斯托利亚尔在《数学教育学》一书中提出："数学教学与其说是数学活动结果的教学，不如说是数学活动的教学。"这里的活动是指最终得到数学结论的数学活动过程。本节课的内容是北师大版小学数学二年级上册第七单元第一课时"分物游戏"。本节课的核心问题是让学生理解"平均分"的概念，并学会把小数目物品进行平均分。本节课的问题从分桃子的日常情境导入，最后回归到生活中的平均分问题。整节课的目标是锻炼学生的动手操作能力，培养学生的符号意识，会把生活化的情境用数学语言或数学关系呈现出来，从而提高数学化的思维能力。

一、教材解读

（1）教材分析。本单元内容是在学生学习了乘法和掌握口诀的基础上教学的，是学习除法的开始，是进一步学习除法计算的基础。学生主要通过"分一分""画一画"等操作活动获得平均分的经验，知道用不同的方法分出的结果都是"每份一样多"，从而理解"平均分"的概念，为接下来学习除法做铺垫。

（2）学情分析。二年级的孩子在生活中已有和别人分享的经验，对分得同样多和不一样多的现象已经能够清楚地分辨，但是缺少数学语言的表达和用数学方法解决生活中实际问题的经验。本节课基于此，让学生理解"平均分"的概念，并会将物品平均分。

（3）学习目标。

① 知识与技能：初步理解平均分的意义，会用图示（选一选、圈一圈、画一画）或语言表述平均分的过程和结果。

② 过程与方法：在具体情境中，经历把小数目实物进行平均分的操作过程，学会把物品平均分。

③ 情感态度与价值观：经历与同学讨论、交流平均分物的过程，体会平均分与生活的密切联系，培养学生的合作意识。

二、设计思路

本节课的设计大致分为以下过程：①初步感受平均分。先让学生给两只猴子分一分4个桃子，感受"随意分"和"分得一样多"的区别，从而引出"平均分"的概念。②分萝卜。学生借助学具动手分一分，把15根胡萝卜分给三只小兔，要分得一样多，可以怎么分？学生分一分、摆一摆，并说一说自己的分法，在这个过程中充分感悟"平均分"的概念。③分骨头。在分萝卜的基础上再次动手分一分，并在小组内说一说自己的分法，用图示的方法把分的过程记录下来。在这个过程中将实物抽象成符号，为后面学习"大数目物品平均分"中用表格记录做铺垫。总而言之，本节课主要让学生在动手操作的过程中理解"平均分"，并学会将物体进行平均分。

三、教学过程

1. 问题导学——提出问题

（1）（课件出示情境图）引导学生用桃子卡片进行分一分的活动，教师巡视，观察学生的情况。

目标：每个学生都要动手操作，参与到分桃子的过程中，体现学生的主体性。

（2）学生汇报，鼓励学生大声自信地说出自己的结果。

预设一：学生分的情况有两种，不一样多和一样多。

预设二：学生没有出现不等分的情况，教师引导学生看教科书情境中的第二幅图。

目标：锻炼学生的语言表达能力。

（3）引导学生思考两种方法的不同，哪一种方法能让两只小猴子都很满意？为什么？根据学生的回答，板书：分得同样多。引出本节课要学习的内容"平均分"，像这样每份分得同样多，我们就说是"平均分"（板书课题）。

目标：学生在思辨的过程中，初步感知随意分和平均分的区别。

2. 共学解问——探究新知

（1）出示需要研究的问题，让学生利用小棒学具摆一摆，学习平均分物的方法。

目标：学生在实际操作中具体感受平均分。

（2）教师巡视，引导学生说出分物的方法，如果学生没有说出很多种分物的方法，教师还可以启发学生想到其他方法，例如还可以4根4根地分。

教师指出：不管用什么方法分，只要最后做到了"每份分得同样多"就可以。

目标：注重学生的动手操作，积累活动经验，通过学生动手"分一分"的过程，进一步感受"平均分"，在已有经验上再次体验提升，学生就能清晰地理解"平均分"的意义了。

（3）画一画、圈一圈，体验多种方式分的过程。

① 让学生先用小棒代替骨头动手分一分，再引导学生用画图或者圈一圈等方法记录自己分的过程。

② 教师在全班展示学生的记录结果，引导学生解释自己的平均分过程。

目标：学生学会用书面形式记录自己平均分的过程。

（4）组织学生讨论，引导学生进行对比。

引导学生对照自己记录的方法和课本上的记录方法是否相同，学生分小组讨论，说一说书上三种记录方法所表示的平均分的过程与结果。

教师揭示：第一种方法和第三种方法是一样的，只是记录的方式不同。并且，第三种方法可以进一步简化，通过画圈就能表示平均分的过程与结果，每个圈表示分一次分掉了多少根小棒，画几个圈表示要分几次把小棒分完，每份分到小棒的根数等于圈内小棒的根数。（学生动手操作圈一圈的过程）

目标：对一些实际问题，通过让学生动手操作，画图表示的过程，将实际问题抽象成数学符号来表示，逐渐培养学生的符号意识。

3. 用学拓问——实践运用

（1）组织学生完成课本第59页"练一练"的第1题和第2题。

目标：练习巩固，了解学生对新知识的掌握。

（2）引导学生利用平均分的知识解决生活中的问题。

请同学们把12名同学平均分成3队。

目标：引导学生联系生活与身边存在"平均分"的事物和现象，让学生体验"数学就在身边"。

四、本节课的收获

1. 在操作中获得学习经验

整节课重视在现实情境中体验，突出学生数学活动经验的形成；重视在操作过程中点拨，从而培养学生的符号意识。学生用小棒代替胡萝卜动手摆一摆、分一分，让学生在这个活动体验中，建立"一样多"与"平均分"的等价关系，为之后学习除法奠定基础。

在实际操作中具体感受平均分，学生在动手分一分的过程中，进一步感受平均分，在已有经验上再次体验提升，学生就能更加清晰地理解"平均分"的意义。学生的活动经验要在不断强化中巩固，接下来的活动，学生用小棒代替骨头分一分，在直观操作的基础上，让学生用书面形式记录自己平均分的过程，并在全班分享自己的记录结果，说一说自己是如何记录平均分的过程的。对比自己和教材上的方法，展开小组讨论，在组内说一说书上的三种记录方法所表示的平均分的过程与结果。对一些实际问题，通过让学生动手操作、画图表示的过程，将实际问题抽象成数学符号来表示。

2. 让学生成为自己的老师

叶圣陶先生说："教是为了不教。""教"是前提、手段，"不教"是目的。学生在学习过程中要成为学习的主人，教师在教学过程中不仅是传授知识，更是启发、引导、培养能力。教师要注重对学生的引导，学生拥有学习的能力，能够独立探索实践、解决问题。因此，在教学过程中，我注重对学生动手操作能力、语言表达能力、小组合作能力的培养。学生在全班同学面前汇报分享自己的操作过程，清晰表达自己的思路，其他同学大胆进行质疑与补充。

学生在整个过程中思维得到锻炼，语言表达能力得到提高，同时也增强了学习的自信。整节课体现了"以生为本"的教学理念，在生生互动和师生互动中解决数学问题，理解"平均分"的概念。

3. 让每个学生都有表达的机会

学生上台在全班同学面前展示的机会是有限的，不可能每个学生都有表达的机会，自信勇敢的孩子能够踊跃举手发言，但是胆小也不敢表达的学生就不敢在全班面前展示了。小组合作学习的方式能够有效地解决这些问题，采取小组合作的方式，让学生在组内说一说自己的想法，让每个学生都有表达的机会。学生在自己熟悉的同学面前会更加愿意开口说，并且能够在小组内交流自己的想法。在本节课教学中进行了小组合作活动，让学生在组内跟其他组员说一说自己的分法，小组成员在交流讨论中学习了别人的想法，也能够解决自己的问题，在讨论交流中发现方法有多种，但是分得的结果是一样的。

五、本节课需改进的地方

1. 多培养学生提出问题的能力

提出问题往往比解决问题更难，作为教师，我们不仅要培养学生解决问题的能力，更要培养学生提出问题的能力。学生提出问题的过程就是筛选、提炼和整理数学信息的过程。学生只有对数学信息进行了主动的思考，并且重新整理已有认知与现有信息之间的矛盾，才能够发现数学问题的存在并提出数学问题。由学生自己提出来的数学问题，学生会更有兴趣去解决和探索，学生开始主动进行相关任务的学习，去获取自己缺乏的知识，解决认知的矛盾和冲突。在本节课教学中，学生提出数学问题这一能力还培养得不够。这节课主要通过教师发布学习任务，学生进行问题解决的方式开展的。可以这样改进——先出示小兔的情境图，让学生找一找情境图，学生根据分桃子的经验能够提出"把12根胡萝卜平均分给3只兔子要怎么分"这个问题。第二个"分骨头"的问题也可以由学生根据提供的数学信息提出。长期下去，学生会逐渐形成自我提问的习惯和良好的数学思维。

2. 学生展示的空间还不够

在学生进行分一分的活动中，学生上台汇报自己的分法，在黑板上用小圆片展示自己分法的过程中，容易只顾着分，但是没有把分的过程用语言结合起来说。因为二年级的学生语言表达能力欠缺，一句话的意思表达不完整，表达速度也很慢。这时候，教师需要留足空间给学生，多点耐心让学生说完。因为课堂时间是有限的，所以学生有时候说不出来，教师引导的次数就过多了，这就回到了传统的教学模式。教师最好不要抢学生的话说，要相信学生能够表达出来，如果学生停顿和思考的时间比较久，再顺着学生的想法引导学生说出来，教师可以提供一些引导性的问题或者跟方法相关的关键词，让学生学会表达想法。

　　"不积跬步，无以至千里；不积小流，无以成江海。"每一节课都要进行精心的准备，才能让学生在40分钟有限的课堂里获得高效的收获；每一次课堂教学都要以学生为主，让学生在学习中获得成就感；每一次课后都要进行反思，才能让我们的每一次教学都有提升。相信一点一滴的积累终会结出丰硕的果实！

"一共有多少"课例研究

深圳市盐田区庚子首义中山纪念学校　康伊琳

【学习目标】

（1）知识与技能：结合熟悉的生活背景和已有的生活经验，初步认识加法的意义。

（2）过程与方法：在独立思考、动手操作和与同伴合作交流的活动中，探索得数是5以内数的加法的计算方法。在教师的引导下，学习从具体的情境中提出加法问题并解答。

（3）情感态度与价值观：初步培养有条不紊地表达自己的思考过程和认真倾听与理解他人思路的能力，体会学习数学的乐趣。

【教学重难点】

理解加法的意义并能完整表达5以内表示加法的情境，正确进行5以内的加法计算。

【教学过程】

（一）创设情境，激趣引入

（找一个小帮手，一只手拿着3支铅笔，一只手拿着2支铅笔）

师：同学们，大家看，×××手里拿着我们写字用的铅笔。你能把你看到的数学信息说一说吗？

生：他一只手里拿了3支铅笔，一只手里拿了2支铅笔。（同时板书数字）

师：大家注意看，×××做了一个动作。

（学生×××做了动作：把两只手的铅笔合起来）

师：同学们看看，这位同学做了一个什么动作？谁能用文字把同学刚才的动作描述一遍？

生1：×××把他两只手上的铅笔合到了一起。

师：说得真棒！谁能根据刚才提供的数学信息，提一个数学问题？

生（完整表达）：×××一只手里拿了3支铅笔，一只手里拿了2支铅笔，合起来一共有多少支铅笔？

（边说边板书：一共有几支铅笔？用贴展示）

师："合起来"是什么意思？

生：一共。

师：这就是我们今天学习的内容，一共有多少。（板书课题：一共有多少、一共）

师：好！同学们真棒！接下来请同学们用自己的小棒代替铅笔跟着老师来表演一下。

（师和生一起边做边说：一只手里有3支铅笔，另一只手里有2支铅笔，把两只手里的铅笔合到一起，一共有5支铅笔）

（黑板上同时展示小棒3和2）（小棒收好）

设计意图：通过请小帮手上台展示的形式更能激发学生的兴趣，提高低年段学生的专注力。经过学生的现场展示，全班利用学具一起再演示一遍"合起来"的过程，加深学生对加法意义的理解。

（二）探索交流，构建新知

1. 有多少支铅笔

师：（出示课件）笑笑也和×××一样做了同样的动作，我们一起看一看。（小棒贴在黑板）我们用小棒代替铅笔，一共有几支铅笔，请你说一说你是怎么数的？

生：（上讲台指着数）1、2、3、4、5，5支。

师：他是一支一支数的，还有别的数法吗？

生：一只手有3支，再数上另一只手的就是4、5，5支。

生：3和2合起来就是5支。

师：（总结）虽然他们的数法不一样，但结果都是5。

设计意图：3+2=5的加法算式虽然看似简单，但在小学一年级学生初步接触加法时应该让学生懂得加法的算理，通过边展示边用自己的语言说明，感知加法的算理。

2. 有几只熊猫

师：我们帮笑笑数完了铅笔，老师想问大家一个问题，你们知道我们中国的国宝是什么吗？（熊猫）（出示课件）我们现在来到了美丽的动物园，一起来看一下小熊猫在干什么。谁来说说你看到了什么数学信息？

生：有3只熊猫在吃竹子，2只熊猫在玩球。

师：你能提出什么数学问题吗？

生：一共有几只熊猫？

师：谁能把数学信息和数学问题完整地说一遍？

生：有3只熊猫在吃竹子，2只熊猫在玩球，一共有几只熊猫？（贴在黑板）

师：一共有几只熊猫？请你用圆片代替熊猫，摆一摆、数一数、说一说。

（学生活动：摆、数、说，与周围的同学边摆边说→全班分享汇报）

师：（把圆片推到桌子前面）谁来试一试，用圆片代替熊猫边摆边说，一共有几只熊猫？

生：（上讲台展示）用3个圆片代表吃竹子的3只熊猫，用2个圆片代表玩球的2只熊猫，合起来一共有5只熊猫。

师：你能用画图形的方式来表示一共有几只熊猫吗？画○、△、□都可以。

（学生活动：画图，师：收集作品）

师：（展示学生作品）这是我收集的同学们的一些作品，谁能说说他这么画表示的是什么？

生：画3个☆表示吃竹子的3只熊猫，画2个☆表示玩球的2只熊猫，合起来一共有5只熊猫。

师：你说得真好！我们把这些熊猫合起来，也就是要求一共有多少。要求一共有多少，我们用什么法？（加法）（板书：加法）

设计意图：通过对具体事物和图片逐步抽象出用图形表征的方式提取相关的数学信息，渗透了数形结合的思想方法。让学生经历多种操作过程：用小圆片摆一摆、用图形画一画的方式，逐步从具体到抽象。

3. 认一认

师：谁能把刚才两个数学故事用一个加法算式表示出来呢？

生：3+2=5。（板书：3+2=5）

师：这就是我们今天认识的新朋友。在数学上把两个数合成一个数的运算，叫作加法。"+"叫作加号，表示合起来。整个算式"3+2=5"叫作加法算式，读作"三加二等于五"。

（齐读3+2=5）

师：虽然都是一个算式，但在不同的故事里3和2代表不同的意思。在第一个故事里，谁来说说3、2、5分别表示什么？

生：（一起说）3表示这只手的3支铅笔，2表示这只手的2支铅笔，5表示合起来一共5支铅笔。

师：谁来说说3+2=5的3和2在第二个故事里分别表示什么？整个算式3+2=5表示什么？

生：（一起说）3表示吃竹子的3只熊猫，2表示玩球的2只熊猫，3+2=5表示吃竹子的和玩球的合起来一共有5只熊猫。

师：（小结）这就是我们今天认识的新朋友加法，表示把两个数合起来。

4. 摆一摆、算一算

师（出示课件）：（拿出作业单）请你用小棒表示桃子，摆一摆，然后算一算。请一位小朋友上来用小棒边摆边说。

生：（上讲台展示）摆一根小棒表示这边的1个桃子，摆3根小棒表示这边的3个桃子，一共有4个桃子，1+3=4。（写出答案）

师：（出示课件）2表示这2朵花，右边方框应该填？（2）表示这2朵花，合起来2+2=4。

师：（出示课件）看图，你能说一个数学故事吗？

生：树上有2只小鸟，地上有3只小鸟。

师：你能提出什么数学问题？

生：一共有几只小鸟？

师：请你试着列算式。请说说你是怎么列的？

生：2+3=5。

师：2表示什么？3表示什么？加起来的5表示什么？

生：2表示树上的2只小鸟，3表示地上的3只小鸟，5表示一共有5只小鸟。

师：还有别的列算式方法吗？

生：3+2=5。

师：这样列算式可不可以呢？我们一起来讨论一下。这里的3表示什么？2表示什么？5表示什么？

生：3表示地上的3只小鸟，2表示树上的2只小鸟，5表示一共有5只小鸟。

师：两个算式中的2表示的都是树上的小鸟，3都表示地上的3只小鸟，结果都是5。所以2+3或3+2都是可以的。

（三）总结

师：我们今天学习了加法，表示求一共有多少，也就是把两个数合起来。反过来我们可以说，把两个数合起来，就是要求一共有多少。求一共有多少，我们用加法。你能找到我们生活中或者教室里的加法吗？

生1：我姐姐吃了2块蛋糕，我吃了1块蛋糕，我和姐姐一共吃了3块蛋糕。

生2：我同桌有1块橡皮，我有2块橡皮，我们一共有3块橡皮。

（四）评课磨课

第一次试课效果不是很好，在小帮手展示完手里的铅笔，问学生能不能提一个数学问题时，由于一年级的学生之前没有提数学问题的经验，甚至不懂提问题的意思，因而没有学生提出数学问题。这是第一版的教学设计，让学生用小棒代替熊猫摆一摆，由于学生缺乏课上使用学具的经验，导致当有学生上台展示时，课堂下面有很多学生在玩他们的小棒，课堂效果不太理想。在这种情况下，我与陈老师共同研讨思考改进的方法。

第一次试课后对教学设计进行了改进，代替熊猫摆一摆的学具由学生自己准备的小棒改为我在课前分发事先准备好的小圆片，避免有些学生忘带小棒而没有学具上课的情况。为解决第一次试课出现的问题，我在上课之前提前和学生讨论了如何提出数学问题并做了示范，让学生能试着提问题，并且训练了使用学具的规则，防止有学生展示时课堂下面有学生玩学具的现象。第二次试课还增加了画一画的形式，通过图形的多种表征方式让学生充分感受加法的意义。

第三次试课后我认真反思了一下，每一次试上并不是把相同的内容重复给不同的学生，而是要从不同的学生反应中反思自己的教学设计，完善自己的教学环节，精练自己的教学用语。打造出一堂好课，背后需要花费很多心思，正所谓"台上一分钟，台下十年功"。

"组合图形的面积"教学案例

深圳市盐田区盐港小学　许思婷

一、始于生活

学完多边形的面积后，一位学生跑来问我："老师，生活中好多图形不一定是我们学习过的，"他指着教室角落的中队旗，"它既不是三角形也不是梯形，该如何求它的面积呢？"数学来源于生活，又服务于生活。五年级的学生已经开始关注生活中一些复杂的数学问题了，我顺势将组合图形的面积安排在学完多边形的面积之后，让学生建立起知识之间的联系。

二、教材研读

1. 教材分析

"组合图形的面积"这节课是在学生掌握了如何求基本图形面积的基础上，能够通过动手操作，掌握用分割法和添补法求组合图形面积的计算方法。教材通过智慧老人家要给"L"形客厅铺上地板这一情境，要求学生解决以下问题：如何求出"L"形客厅面积。

2. 学情分析

学生在前面的学习中已经掌握了求基本图形面积的知识，本节课是建立在学生已有的知识基础和生活经验上对组合图形的探究，本节课我打算站在学生的角度，多引导学生参与、自主探究。

3. 学习目标

（1）在自主探索的活动中，理解计算组合图形面积的多种方法。

（2）能根据各种组合图形的条件，有效地选择计算方法并进行正确的解答。

（3）学生能够通过自己的动手操作，掌握用分割法和添补法求组合图形面积的计算方法。

4. 数学本质

本节课属于图形与几何的领域。本节课本质上是让学生将组合图形的面积转为求基本图形的面积，即将未知转为已知，体现转化思想。如何转化？通过分割法或添补法，找条件，算面积。在转化计算的过程中，让学生通过自主探索发现：将组合图形分割成基本图形时，分割得越简单越好，同时还要关注分割后的相关长度要已知，即分割要合理。

三、课堂预设

1. 以问导学——复习导入，引入新知

课件出示长方形、正方形、三角形、平行四边形、梯形等基本图形。

（1）回忆学过的几个基本图形的面积公式，指名1～2名同学叙述，其余学生评定。

（2）学生动手操作，用手中的基本图形拼出各式各样的图案。找一组学生上台操作，用这些基本图形拼出各式各样的图案。

（3）全班交流汇报，拼好的图形是由哪些图形组成的，感受组合图形的特点。揭示课题，板书：组合图形的面积。

（4）抛出问题：如何求组合图形的面积？

分析得出：把组合图形转化分割成已学过的平面图形。

2. 共学解问——合作探究，解决问题

（1）观察客厅地面图，分析图形的特点。

① 出示计算客厅面积问题的主题图。

② 请学生观察此图形有何特点。生活中有很多这样的问题，在给客厅铺地板时，买多了浪费，买少了不够，怎样才能算出实际面积呢？

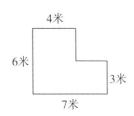

活动一：估一估组合图形的面积。（课件出示教材第88页的客厅图）

智慧老人家新买了住房，准备在客厅铺地板，客厅的平面图如下图所示。（课件出示）

师：这是一个什么图形？你能估一估，客厅地面的面积大约有多大吗？

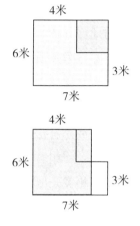

学生先独立进行估算，后与小组交流自己的估法。

学生有以下几种方法：

生1：把客厅的平面图看成长方形，$6 \times 7=42$，客厅的面积不到42平方米。

生2：把客厅的平面图看成边长是6米的正方形，估计其面积大约是36平方米。

小结：可以把这个图形转化成已经学过的图形来估计大小。

目标：培养学生估算意识、数感。

（2）想一想、算一算，智慧老人家客厅的面积有多大？

活动二：自主探究。

师：我们是不是也可以把这个客厅的平面图形转化成我们已经学过的图形去计算它的面积呢？怎样把这个组合图形转化成已经学过的图形呢？

（课件出示活动要求）

① 自主探索，转化图形，明确求组合图形面积的解题思路和解题方法。

② 学生独立思考，动手操作，在学习单上画一画。

③ 学生选取方法，独立计算出组合图形的面积。

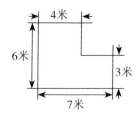

"组合图形的面积"学习单①

班级：_____ 姓名：_____

想一想、算一算，智慧老人家客厅的面积有多大？

（提示：可以在图形上画一画、分一分，标上序号，再算一算）

教师巡视，进行适当的指导和帮助。

学生的计算方法有以下几种。

生1：可以分成两个长方形。图形①的面积［6−3=3（米），3×4=12（平方米）］，图形②的面积［7×3=21（平方米）］，这个图形的总面积［12+21=33（平方米）］。

生2：可以分成一个长方形和一个正方形。图形①的面积［6×4=24（平方米）］，图形②的面积［7−4=3（米），3×3=9（平方米）］，这个图形的总面积［24+9=33（平方米）］。

生3：可以补上一个小的正方形，使它成为一个大的长方形。大长方形的面积［7×6=42（平方米）］，小正方形的面积［6−3=3（米），7−4=3（米），3×3=9（平方米）］，这个图形的总面积［42−9=33（平方米）］。

生4：可以分成两个梯形。图形①的面积［6−3=3（米），（3+6）×4÷2=18（平方米）］，图形②的面积［7−4=3（米），（3+7）×3÷2=15（平方米）］，这个图形的总面积［18+15=33（平方米）］。

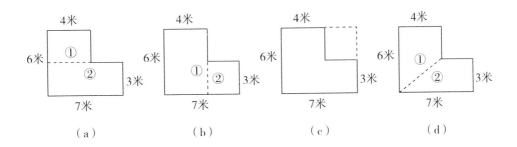

（a）　　　　　（b）　　　　　（c）　　　　　（d）

（如果出现又割又补的方法，让学生展示并帮助理解）

达成目标1：在自主探索的活动中，理解计算组合图形面积的多种方法。

（3）小组汇报研究成果。

小老师上台讲解自己的算法。

（学生汇报时，要说清楚解法，以及每种方法的中间数据的来源、算式与结果等，其他同学认真倾听、评价）

教师根据学生的汇报随即板书：分割、添补。

达成目标3：学生能够通过自己的动手操作，掌握用分割法和添补法求组合图形面积的计算方法。

（4）思考一下，这种方法能计算出组合图形的面积吗？如果不能，缺少什么条件？

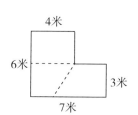

（在②号学习单上算一算，学生通过计算很快发现不能算出来）

学生总结：分割法要考虑到分割后，能根据所给条件进行计算。

（5）观察比较，优化解题方法。

师：在这些转化方法中，哪些方法比较简单、容易计算呢？

生：在这些方法中，图（a）、图（b）、图（c）、图（d）比较简单，容易计算。

师：在进行图形转化时，我们的要求是简单、易算。这四种方法有何异同呢？

学生通过观察讨论，引导得出：图（a）、图（b）、图（d）都是分割（求和），图（c）是添补（求差）。

小结：将组合图形进行分割，需要注意：分割后是否可算？再看看是不是简单易算？（分成的图形越少，计算面积时就越简单，在计算组合图形的面积时要学会选择最简便的方法）

3. 用学拓问——练习提升，深化应用

中国少年先锋队的中队旗是五角星加火炬的红旗，如下图。（课件出示相应数据）（单位：厘米）

（1）估一估，这面中队旗的面积大约有多大？与同伴交流你的想法。

（2）计算中队旗的面积，说一说你是怎么想的。

（学生独立试做后，教师选取正确的和错误的展示）

达成目标2：能根据各种组合图形的条件，有效地选择计算方法并进行正确的解答。

结论：计算组合图形的面积并不是所有的方法都适用，我们要学会根据条件选择合理的方法。

4. 回顾小结，反思提升

通过这节课的学习，你有什么收获？还有哪些疑问？和同学们说一说。

四、磨课评课

第一次试上，班级氛围比较低迷，教学环节错乱，科组长林老师给我指出整个设计的流程，师傅提出了一些非常中肯实用的建议，比如在学生独立完成任务单之前，先明确好要求，这样可以提高课堂效率。师傅们短短的几句话，点拨了我，让我受益匪浅。

第二次试上，相较上次有一些进步，删减了一些环节，重心放在学生的自主探索以及小老师讲解，但还是忽略了一些细节，比如对于学生的讲解，我没有及时引导，课堂是学生的，但并不代表教师完全放手，而应该在重要的地方进行点拨。

第三次试上，整体进步了很多，我认真反思了一下，每一次磨课都是要从学生的不同反应中反思自己的教学设计，完善自己的教学环节，精练自己的教学用语和语调。打造出一堂好课，背后需要花费很多心思，正所谓"台上一分钟，台下十年功"。

五、感悟反思

有时，我在上课时往往由于学生给不出我要的答案而着急，其实还是自身出现了问题。本节课是将组合图形通过分割、添补等方法转化成基本图形进行计算，我在教学时，学生展示完自己的做法后，我让学生观察他们所给出的方法，急于要学生明晰分割图形要做到合理、简单，但实际上学生往往得不出这样的结论。课堂出现这种情况，问题在于导学问题的设计，我可以进行这样的修改：在学生展示了他们的几种分割、添补方法后，我再给出一种情况，将一个图形添加多条虚线，这时组合图形变为多种基本图形（所给出的图形个别边长是无法得知的），导学问题：你能求出这个图形的面积吗？学生一眼看过去觉得可以，我放手让他们去计算，通过计算，他们会发现算不出来，这时再引导学生发现算不出来，是不是分割的方法不对，学生自然而然感受到分割后的边线要能算得出来，分割时要注意合理。紧接着，我又重复上一种情况，再次让学生进行计算，学生算完后让他们对比简便的分割法，学生通过对比发现原来分割成的基本图形越少越简便。通过这两个导学问题的设计，学生感受到分割时要注意合理、简单。我也深切感受到，课堂上所给出的问题会影响着学生的思考路径，所以在设计导学问题时，一定要从数学本质、数学思想方法出发，指向学生深度思考、探究发现出结论，在这个过程中培养学生解决问题的方法策略。

今后为这样的课堂而努力：课堂"以数学知识的学习为载体，促进学生数学思考、问题解决，优化提升学生的思维"；学生静静地听，大胆地说，积极地想。